KB053396

합격으로 가는

초판 1쇄 인쇄 | 2022년 9월 22일
초판 1쇄 발행 | 2022년 9월 29일

지은이 | 정구복
펴낸이 | 박영욱
펴낸곳 | 깊은나무

경영지원 | 서정희
편   집 | 고은경·조진주
마 케 팅 | 최석진
디 자 인 | 민영선·임진형
SNS마케팅 | 박현빈·박가빈

주   소 | 서울시 마포구 월드컵로 14길 62 북오션빌딩
이메일 | bookocean@naver.com
네이버포스트 | post.naver.com/bookocean
페이스북 | facebook.com/bookocean.book
인스타그램 | instagram.com/bookocean777
전   화 | 편집문의: 02-325-9172   영업문의: 02-322-6709
팩   스 | 02-3143-3964

출판신고번호 | 제2013-000006호

ISBN 979-11-91979-19-0 (43370)

*이 책은 깊은나무가 저작권자와의 계약에 따라 발행한 것이므로 내용의 일부 또는 전부를
 이용하려면 반드시 깊은나무의 서면 동의를 받아야 합니다.
*책값은 뒤표지에 있습니다.
*잘못 만들어진 책은 구입하신 서점에서 교환해 드립니다.

정구복 지음

수험생과 지도 교사를 위한 맞춤형 면접 지침서

합격으로 가는

대입 면접

깊은나무

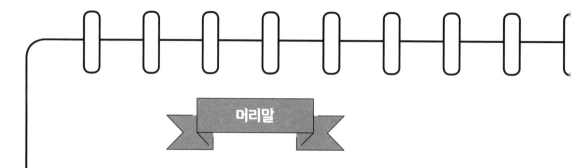

머리말

대입 합격을 위한 수험생들의 지침서

   '화룡점정(畵龍點睛)'이라는 말이 있습니다. 화가가 용을 그린 뒤 마지막으로 눈동자를 그려 넣었더니 그 용이 구름을 타고 하늘로 올라갔다는 고사에서 나온 말입니다. 무슨 일을 할 때 가장 중요한 부분을 완성하는 것을 이르는 용어입니다. 대학입시에서 면접이 바로 그런 것이 아닌가 싶습니다. 대입 합격의 마지막 관문을 통과하는 데 면접이 있기 때문입니다.

   "지금은 면접 시대입니다."

   대입에서 수시가 약 70%를 차지하고 있고 대학에 제출하는 서류가 간소화되면서 면접이 더욱 중요해지고 있습니다. 그렇지만 수험생들이 자기 주도적으로 면접 고사를 대비할 방법을 찾지 못하고 있으며, 면접 준비가 부족한 상태에서 고사장으로 들어서는 것이 입시 현실입니다. 거기에 수험생의 애타는 심정에 편승하여 면접 시즌이 되면 경제적 이익만을 노리는 집단과 개인들이 단기적으로 설치는 안타까운 현상도 여전합니다.

"제가 왜 면접 책을 쓰게 되었을까요?"

답은 아주 간단합니다. 면접을 다루고 있는 엉터리 책이 너무 많기 때문입니다. 시중에 나와 있는 면접 책의 문제는 ① 과거의 면접 고사 이야기, ② 이론을 위한 이론으로 면접장에서 쓸모가 없는 정보, ③ 면접 학원이나 컨설팅을 선전하는 목적의 안내서, ④ 불필요한 전략으로 말문을 막아버리는 지침, ⑤ 특정 영역이나 내용을 과대 포장한 허위 정보 등 다양합니다.

대동여지도를 그렸던 김정호를 생각해 봤습니다. 그는 당시 잘못된 지도 때문에 어려움을 겪은 이야기를 들으면서 제대로 된 지도를 만들기로 결심했다고 합니다. 수많은 자료를 찾아보고 기존의 정보를 종합적으로 정리해가며 현장에서 확인하고 시행착오를 거듭한 끝에 마침내 정확한 지도를 완성합니다. "길 위에는 신분도 없고 귀천도 없고 다만 길을 가는 자만이 있을 뿐"이라는 영화 〈고산자, 대동여지도〉 속 김정호의 대사처럼, 이 책이 대입 합격의 길을 걷는 모든 수험생에게 좋은 지침서가 되길 소망합니다.

"저는 이 책을 어떻게 썼을까요?"

면접 고사에 응시한 학생이 합격하기를 바라는 간절한 마음으로 책을 구상했고 내용에 관해서는 이성적으로 접근했습니다. 저는 특목고 입학사정관으로 학생을 선발했었고 전국 고교와 대학교 입학사정관을 연수하고 특강을 진행한 경험이 있습니다. 32년 교직 생활의 상당 부분을 대입 지도에 헌신했고 지금도 입시 최전선에서 소임을 다하고자 노력하고 있습니다.

면접을 지도하는 교사가 입시 전략을 수립하는 데 도움이 되는 정보를 공유하려 했습니다. 면접 고사를 준비하는 학생에게 실질적인 도움이 되는 모든 내용을 담으려 했습니다. 면접장으로 향하는 자녀를 웃음으로 격려하고 지지하는 부모의 마음을 헤아리며 책 내용을 구성했습니다.

Chapter 1은 면접의 의미, 면접의 유형과 평가, 면접의 준비 전략과 기출 문항 및 점검 사항 등 면접의 이론을 다뤘습니다.

Chapter 2는 면접을 준비하는 학생과 면접을 지도하는 교사가 궁금증을 갖는 문제를 정확하게 안내하여 합격에 이르는 전략을 제시했습니다.

Chapter 3은 대학의 면접전형 방법으로 서류 평가와 면접 평가 요소, 면접의 형식과 내용, 면접 대비 방법을 다뤄 학생이 대학별로 맞춤식 면접 전략을 수립하는 데 도움이 되는 내용을 제공했습니다.

헤겔은 "이성적인 것은 현실적인 것이고, 현실적인 것은 이성적인 것이다"라고 했습니다. 그간 학생을 지도했던 경험과 면접 고사 관련 정보를 변증법적으로 종합하는 이성적인 작업을 진행하여 한 권의 책을 내놓았습니다. 그래서 이 책이 면접장으로 향하는 학생들에게 현실적인 도움이 될 것이라고 믿습니다.

부디 저의 열정과 정성이 담긴 『합격으로 가는 대입 면접』이 학생과 학부모 그리고 교사에게 면접의 좋은 길잡이가 되기를 간절히 소망합니다.

부끄럽지 않은 교사의 길을 걷고 싶은

정구복 올림

목차

목적없는 공부는 기억에 해가 될 뿐이며, 머리 속에 들어온 어떤 것도 간직하지 못한다.

- 레오나르도 다빈치

Chapter 1

알고 준비하면 합격이 보인다!

면접을 잘 보면 수시가 대박일까?

면접의 작은 차이가 합격을 결정합니다.

수시 교과전형과 학생부종합전형에 지원해서 면접 대상자가 됐다는 것은 기쁜 일이다. 1단계에서 일정 배수 안에 들었거나 일괄합산 방식에서 면접의 기회를 잡았으니, 그만큼 합격 가능성이 크다는 것이다. 그러나 합격권 근처에 있는 학생들의 수준 차이가 미세하다는 것도 기억해야 한다. 결국 면접의 작은 차이로 당락이 결정된다는 의미이다. 합격의 좁은 문 바로 앞에서 탈락한다면 아쉬움은 클 것이므로 후회 없이 준비해서 합격의 영광을 누려야 한다. 교과전형은 교과성적(고교 내신) 중심 정량평가가 대세이다. 학생부종합전형은 학생부를 중심으로 서류를 평가한 후 면접에서 학생의 다양한 역량을 평가하기에 더 많은 준비가 필요하다. 선발 전형의 차이에 따라 면접의 형태도 다르다는 것을 인지하고 각 전형에 적합한 면접 전략을 세워야 한다.

면접 고사는 1단계에서 일정 배수의 학생을 선발한 후 합격자를 가리기 위해 실시하는 경우가 많다. 1단계에서 2배수를 뽑은 대학은 합격 후 이탈 자가 적다는 것이고 5배수 이상을 면접 대상자로 올렸다면 합격 후 다른 대학으로 이동할 가능성이 크다는 것이다. 원하는 대학에 이미 합격해서 면접에 불참하거나 추가합격으로 다른 대학으로 이동하는 일도 하고, 수 능을 너무 잘 봤거나 최저학력을 맞추지 못해 면접장에 나타나지 않는 등 다양한 경우의 수가 있으니 끝까지 최선을 다하는 자세가 필요하다.

　　면접 고사는 대학별 고사라는 것을 생각해야 한다. 대학별 고사는 대학 이 자체 기준에 의해 고사를 관리한다. 결국 일반적인 면접의 이론이 아니 라 지원 대학의 면접 특성을 정확히 파악하고 그에 맞는 전략을 수립해야 합격에 가까워진다는 의미이다. 이미 어느 대학 어떤 학과에 일정 배수 안 에 들었으니, 그 대학과 학과에 관해 탐구하는 것은 기본이다. 대학 입학 처 홈페이지에 공개된 면접의 유형과 기출 문제를 연습하는 것이 좋다. 입 학처 홈페이지 공지사항에 있는 내용을 숙지해야 한다. 「선행학습영향평 가 자체평가 보고서」에는 입학전형의 전반적인 사항이 잘 나와 있어서 면 접의 진행과 평가 방법 및 결과 등을 상세하게 살펴볼 수 있다. 지원 대학 면접의 특성을 알았다면 실전과 같은 연습을 해야 한다. 친구들과 함께 도 움을 주고받거나 동영상을 찍고 자신을 객관적으로 평가하면서 구술 능 력을 키우는 것도 좋은 방법이다. 재학하는 학교, 인근 고등학교 연합, 대 학교, 지역교육청 등에서 실시하는 면접 프로그램에 적극적으로 참여하여 실전연습을 통해 자신감 있게 면접장에 들어가는 것이 필요하다.

〈교과전형에서 면접 고사가 있는 대학〉

대학명	전형명	전형방법	비고
가천대	지역균형	1단계(6배수) + 2단계면접50%	
대진대	학생부우수	교과70% + 면접30%	일괄합산
명지대	교과면접우수	1단계(5배수) + 2단계면접30%	
삼육대	일반	1단계(5배수) + 2단계면접40%	
서울신대	일반	교과60% + 면접40%	일괄합산
성결대	SKU창의적인재	1단계(6배수) + 2단계면접60%	
	미래인재	교과80% + 면접20%	일괄합산
수원대	면접위주교과	1단계(5배수) + 2단계면접40%	
신한대	일반	교과70% + 면접30%	일괄합산
안양대	아리학생부면접	1단계(5배수) + 2단계면접40%	
연세대	학생부교과(추천형)	1단계(5배수) + 2단계면접40%	
을지대	교과면접우수	1단계(4배수) + 2단계면접30%	
이화여대	고교추천	교과80% + 면접20%	일괄합산
총신대	교과우수	교과80% + 면접20%	일괄합산
한세대	일반	1단계(7배수) + 2단계면접40%	
한신대	참인재교과면접	교과70% + 면접30%	일괄합산
협성대	미래역량우수자	1단계(7배수) + 2단계면접40%	

*위 전형은 수능 최저학력이 없음.

〈학생부종합전형에서 면접 고사가 있는 대학(1)〉

대학명	전형명	전형방법	비고
경인교대	교직적성	1단계(2배수) + 2단계면접30%	
공주교대	교직적성인재	1단계(3배수) + 2단계면접50%	
광주교대	교직적성우수	1단계(4배수) + 2단계면접30%	
대구교대	참스승	1단계(3배수) + 2단계면접30%	
부산교대	초등교직적성자	1단계(3배수) + 2단계면접40%	
서울교대	교직인성우수자	1단계(2배수) + 2단계면접20%	최저등급
	사향인재추천	1단계(2배수) + 2단계면접50%	
전주교대	교직적성우수자	1단계(2배수) + 2단계면접40%	
진주교대	21세기형교직적성자	1단계(2.5배수) + 2단계면접30%	
청주교대	배움나눔인재	1단계(2배수) + 2단계면접40%	
한국교원대	학생부종합우수자	1단계(3배수) + 2단계면접20%	초등 최저등급

*춘천교대는 수시 전형을 서류 100%로 선발함.

〈학생부종합전형에서 면접 고사가 있는 대학(2)〉

대학명	전형명	전형방법	비고
가천대	가천바람개비	1단계(4배수) + 2단계면접50%	
가톨릭대	잠재능력우수자	1단계(3배수) + 2단계면접30%	
강남대	서류면접	1단계(3배수) + 2단계면접30%	
건국대	KU자기추천	1단계(3배수) + 2단계면접30%	
경기대	KGU학생부종합	1단계(3배수) + 2단계면접30%	
경희대	네오르네상스	1단계(3배수) + 2단계면접30%	
고려대	학업우수형	1단계(6배수) + 2단계면접30%	
	계열적합형	1단계(5배수) + 2단계면접40%	
고려대(세종)	미래인재	1단계(3배수) + 2단계면접30%	
광운대	광운참빛, SW우수인재	1단계(3배수) + 2단계면접30%	
국민대	국민프런티어	1단계(3배수) + 2단계면접30%	
대진대	윈윈대진	1단계(4배수) + 2단계면접30%	
덕성여대	덕성인재II	1단계(4배수) + 2단계면접40%	
동국대	Do Dream	1단계(3.5배수) + 2단계면접30%	
동덕여대	동덕창의리더	1단계(3배수) + 2단계면접50%	
명지대	명지인재면접	1단계(4배수) + 2단계면접30%	
삼육대	세움인재	1단계(4배수) + 2단계면접40%	
상명대	상명인재	1단계(3배수) + 2단계면접30%	
서울과기대	학교생활우수자	1단계(3배수) + 2단계면접30%	
서울대	일반	1단계(2배수) + 2단계면접50%	
서울시립대	학종I(면접형)	1단계(3배수) + 2단계면접40%	
서울신학대	H+인재	1단계(4배수) + 2단계면접40%	

서울여대	바롬인재	1단계(5배수) + 2단계면접50%	
성공회대	열린인재	학생부서류60% + 면접40%	
성신여대	자기주도인재	1단계(3배수) + 2단계면접30%	
세종대	창의인재(면접형)	1단계(3배수) + 2단계면접30%	
숙명여대	숙명인재II	1단계(4배수) + 2단계면접40%	
숭실대	SSU미래인재	1단계(3배수) + 2단계면접30%	
아주대	ACE인재	1단계(3배수) + 2단계면접30%	
안양대	아리학생부종합	1단계(5배수) + 2단계면접30%	
연세대	활동우수, 추천형	1단계(일정배수) + 2단계면접40%	
연세대(미래)	학교생활우수, 활동우수	1단계(3.5배수) + 2단계면접30%	
을지대	EU자기추천	1단계(4배수) + 2단계면접30%	
인천대	자기추천	1단계(3배수) + 2단계면접30%	
인하대	인하미래인재	1단계(3.5배수) + 2단계면접30%	
중앙대	다빈치형인재	1단계(3.5배수) + 2단계면접30%	
청운대	청운리더스	1단계(3배수) + 2단계면접60%	
평택대	PTU종합	1단계(3배수) + 2단계면접33%	
한경대	잠재우수자	서류70% + 면접30%	
한국산업 기술대	KPU창의인재(면접형)	1단계(4배수) + 2단계면접30%	
한국외대	면접형, SW인재	1단계(6배수) + 2단계면접40%	
한국항공대	미래인재	1단계(3배수) + 2단계면접30%	
한신대	참인재종합면접	학생부서류70% + 면접30%	
협성대	협성창의인재	1단계(3배수) + 2단계면접70%	

*해마다 대학 면접전형이 달라질 수 있으므로 각 대학교 홈페이지에서 면접전형의 내용을 정확하게 확인해야 함.

면접 유형에 따라 질문이 다르다?

면접 유형을 알면 합격 전략이 보입니다.

지피지기(知彼知己)면 백전백승(百戰百勝)이라는 말이 있다. 면접장은 살 벌한 입시 전쟁터이다. 나를 아는 것은 물론이거니와 상대를 알아야 필승 전략을 세울 수 있다. 육지에서의 싸움인지, 해전인지 아니면 공중전인지 에 따라 전법은 달라질 것이다. 전쟁에서 싸움의 방식에 해당하는 것이 면 접의 유형이다. 면접의 유형은 크게 서류 기반 면접, 제시문 면접, 일반 면 접, 인·적성 면접, 다중 미니 면접으로 분류할 수 있다. 서류 기반 면접에 비해 제시문 면접이 까다로운 편이고 의대에서 진행하는 다중 미니 면접 은 개인의 능력이 고스란히 드러난다. 면접 유형의 주요 특징은 다음 표와 같다.

면접 유형	특징	대학 예시(일부 대학)
서류 기반 면접	학생부 내용 확인, 기록의 진위 파악, 기록된 활동의 과정과 세부 내용, 활동을 통한 배움과 지원자의 의견을 확인	건국대, 경희대, 광운대, 국민대, 동국대, 명지대, 삼육대, 상명대, 서울시립대, 성균관대, 세종대, 숭실대, 중앙대, 한국외대, 홍익대
제시문 면접	제시문을 읽고 생각할 시간을 준 후 장소를 이동하여 제시문과 관련한 지원자의 이해력과 문제해결력 등을 물음	고려대, 서울대(일반전형), 연세대
일반 면접	지원 학과와 관련 있는 전공 이해, 지원 동기, 진로 계획, 일반 상식 등을 확인, 교과 전형에서 주로 활용	사전에 면접 문항을 미리 공개하는 지방 소재 대학에서 주로 실시
인·적성 면접	교대, 사범대에서 교직과 관련한 인성과 적성을 파악, 제시문과 서류를 활용하여 지원자의 이해력과 의견을 묻고 확인	교대는 제시문과 서류 기반 면접을 선택하거나 혼합하여 실시하는데 기본적으로 인·적성 형태
다중 미니 면접	면접실을 이동하면서 그 고사실의 주제에 따라 과제 활동이나 의견을 물음	성균관대 MMI 등 일부 의대

*일반전형의 가장 대표적인 면접 유형을 예로 제시한 것임. 면접 유형은 이 책의 Chapter 3을 참고하고 각 대학교 홈페이지에서 정확한 내용을 확인해야 함.

내 면접 답변은 어떻게 평가될까?

면접관이 어떻게 평가하는지 알고 답을 해야 합니다.

수시에서 학생을 평가할 때 자주 사용하는 평가 요소는 '학업역량', '전공적합성', '인성', '발전가능성' 등이었다. 각 평가 요소는 세부의 평가항목으로 구성되어 있다. 학업역량은 학업을 충실히 수행할 수 있는 기초 수학 능력을 의미하고, 전공적합성은 지원 전공(계열)과 관련된 분야에 관한 관심과 이해 및 노력과 준비 정도를 의미한다. 인성은 공동체의 일원으로서 필요한 바람직한 사고와 행동을 의미하며, 발전가능성은 현재 상황이나 수준보다 질적으로 더 높은 단계로 향상될 가능성을 뜻한다.

이러한 평가 요소는 대학마다 다르고 평가 요소별 가중치를 반영하여 평가 비율에 차이가 있다. 예를 들면, 그동안 서울대는 학업역량, 학습태도, 학업 외 소양이라 구분했고, 고려대는 학업역량, 자기계발역량, 인성으로 나눴다. 서강대는 학업역량, 성장 가능성, 인성으로 분류했고 한국외대는 학업역량, 계열적합성, 발전가능성, 인성으로 구분했다. 수시 학생부종합전형을 쓸 때는 대학교 홈페이지에서 평가 요소와 전형에 따른 반영 비율을 확인하는 것이 합격에 좀 더 가까이 가는 방법이다. 대학이 면접 고사로 지원자를 파악하려는 역량을 일반적으로 정리하면 아래와 같다.

학업역량: "대학 진학 후, 공부를 스스로 잘할 수 있지요?"
대학은 지원자의 학업성취도뿐만 아니라 학업에 대한 의지, 그리고 여러 가지 탐구 활동을 중심으로 확인한다.
- 자발적인 태도 및 성취동기와 목표 의식의 여부
- 교과 및 탐구 활동에 대한 집중력과 참여의 여부
- 교과 및 탐구 활동 결과물의 창의성
- 학업 생활을 위한 탐구 의지와 호기심

전공적합성: "전공에 대해서 관심이 많지요?"
대학은 지원자의 전공에 대한 전반적인 관심과 이해를 평가하기 위해 전공 관련 교과목의 이수 상황과 전공과 관련된 활동을 확인한다.
- 지원 전공에 대한 흥미와 관심 사례
- 자신의 경험과 지원 전공의 연관성
- 지원 전공에 관련된 교과 관련 활동
- 지원 전공에 관련된 창체 활동
- 지원 전공에 관련된 독서와 사고력 수준

인성: "공동체에 기여할 수 있지요?"
대학은 지원자가 공동체 속에서 높은 도덕성을 바탕으로 자신의 역할을 성실하게 수행하고 타인과 협업하고 소통하며 나눔과 배려를 실천한 구체적인 사례를 확인한다.

- 자발적 협력으로 공동의 과제를 완성한 경험
- 협력이 부족한 갈등 상황에서 갈등을 관리한 경험
- 공동 과제나 단체 활동을 즐겨 하는 협동성
- 타인을 배려한 본보기로 언급되거나 모범이 된 사례
- 모둠, 단체 활동에서 타인의 의견을 경청하고 공감하는 능력
- 열린 마음으로 새로운 지식이나 생각을 수용한 경험
- 규칙준수와 이기성을 극복하고 잘못을 개선하려는 노력 사례
- 자신의 관심 분야 관련 활동의 지속적 실천 사례
- 출결, 단체 활동 참여 등 학생이 당연히 해야 하는 의무 이행

발전가능성: "더 잘해 나갈 수 있지요?"

대학은 지원자가 자기 주도적으로 업무를 수행하고 리더십과 창의성을 바탕으로 문제를 해결하는 다양한 경험을 통해 향후 발전가능성이 있는지를 확인한다.

- 자기주도성을 발휘한 다양한 활동
- 새로운 과제를 주도적으로 수행한 성과
- 기존 지식과 경험을 확장하려는 노력
- 자율, 동아리, 봉사, 진로활동 등 다양한 체험
- 풍부한 독서 활동과 문화적 소양
- 예체능 영역에서의 적극성과 참여도
- 자신의 목표를 위해 도전하고 성취한 경험
- 학생회, 동아리, 학급회 등 학생 주도 활동

- 구성원의 화합과 단결을 이끌기 위한 행동
- 공동체의 목표를 달성하기 위해 계획하고 실행한 경험
- 창의적인 발상을 통해 일을 진행한 경험
- 주어진 상황과 환경을 극복하려는 의지와 노력

학종을 둘러싼 공정성 논쟁과 학생부 기재 내용의 대폭적인 축소로 학종의 평가 요소에도 변화가 있다. 교사추천서에 이어 자기소개서도 폐지되고 수상·독서·개인 봉사활동은 대학에 제공되지 않는다. 이에 5개 대학(건국대·경희대·연세대·중앙대·한국외대)이 공동 연구를 통해 「학생부종합전형 공통 평가 요소 및 항목 개선 연구(2022)」를 발표했다. 연구 결과 학종 공통 평가 요소는 기존의 '학업역량', '전공적합성', '인성', '발전가능성'의 4가지에서 '학업역량', '진로역량', '공동체 역량'의 3가지 평가 요소로 개정하였다. 각 역량을 평가하기 위해 면접 질문을 만든 후 면접 답변을 듣고 평가한다. 그 예를 제시하면 다음과 같다.

학업역량

대학 교육을 충실히 이수하는 데 필요한 수학 능력은 어떠한가?

① 학업성취도: 고교 교육과정에서 이수한 교과 성취 수준이나 학업 발전 정도는 어떠한가?

② 학업태도: 학업을 수행하고 학습해 나가려는 의지와 노력은 어떠한가?

③ 탐구력: 지적 호기심을 갖고 탐구하고 문제를 해결하려는 노력은 어떠한가?

진로역량

자신의 진로와 전공(계열)에 관한 탐색 노력과 준비 정도는 양호한가?

① 전공 관련 교과 이수 노력: 진로를 탐색하기 위한 관심과 열정은 양호한가?

② 전공 관련 교과 성취도: 전공에 필요한 과목을 수강하고 취득한 성취 수준이 양호한가?

③ 진로 탐색 활동과 경험: 진로의 탐색 활동이나 경험 및 노력 정도는 양호한가?

공동체 역량

공동체의 일원으로서 갖춰야 할 바람직한 사고와 행동을 하는가?

① 협업과 소통능력: 공동체의 구성원과 협력하며 합리적인 의사소통을 할 수 있는가?

② 나눔과 배려: 원만한 인간관계를 형성하고 타인을 존중하고 배려하는 태도가 있는가?

③ 성실성과 규칙준수: 책임감을 바탕으로 의무를 다하고 규범을 준수하는 태도가 있는가?

④ 리더십: 공동체의 목표 달성을 위해 구성원들의 상호작용을 이끌어 내는 능력이 있는가?

〈면접 평가 영역〉   단위:%

대학명	평가 영역 및 비율	비고
가천대	의사소통능력20 + 전공적합성30 + 인성30 + 발전가능성20	
가톨릭대	전공적합성50 + 인성30 + 발전가능성20	
강남대	전형적합성30 + 전공적합성30 + 인성20 + 사고력, 의사소통20	
건국대	학업역량30 + 진로역량40 + 공동체역량30	
경기대	잠재역량15 + 사회역량10 + 소통역량5	
경희대	인성50 + 전공적합성50	
고려대	분석력20 + 적용력30 + 종합적사고력40 + 면접태도10	
광운대	발전가능성40 + 논리적사고력40 + 서류진위20	
국민대	자기주도성 및 도전정신40 + 전공적합성40 + 인성20	
단국대	전공적합성60 + 인성10 + 발전가능성30	
덕성여대	서류진위50 + 덕성역량20 + 종합적사고력30	
동국대	전공취지적합20 + 전공적합성30 + 인성30 + 발전가능성20	
동덕여대	전공적합성30 + 인성30 + 발전가능성20 + 사회적공감력20	
명지대	전공적합성40 + 인성30 + 의사소통능력30	
삼육대	전공적합성40 + 인성20 + 성장발전가능성40	
상명대	전공적합성50 + 인성25 + 발전가능성25	
서울과학기술대	논리적사고력20 + 전공적합성40 + 인성 및 소통15 + 발전가능성25	
서울대	학업능력 및 학업태도, 학업외 소양, 기타	

서울시립대	학업역량35 + 잠재역량40 + 사회역량25
서울여대	전공적합성45 + 발전가능성35 + 인성 및 의사소통능력20
성공회대	전공적합성50 + 역량 및 발전가능성50
성신여대	학업역량,전공적합성50 + 인성20 + 발전가능성30
세종대	전공적합성40 + 발전가능성35 + 의사소통, 인성25
숙명여대	전공적합성 및 사고력, 의사소통능력 및 인성
숭실대	전공적합성50 + 인성25 + 잠재력25
아주대	서류신뢰도80 + 의사소통능력 태도20
연세대	종합평가I70 + 종합평가II30
을지대	전공적합성30 + 인성20 + 발전가능성30 + 자세 및 태도20
이화여대	자기주도성, 전공잠재력 및 발전가능성
인천대	전공적합성30 + 인성20 + 발전가능성30 + 의사소통능력20
인하대	지성, 인성, 적성
중앙대	학업준비도40 + 서류신뢰도40 + 인성 및 의사소통능력20
한국외대	계열적합성40 + 논리적사고력40 + 인성20
한신대	기초소양 + 전공적합성 + 인성

〈면접 평가 영역(교대, 거점대학)〉

대학명	평가 영역 및 비율	비고
강원대	학업역량50 + 인성30 + 잠재역량20	
경북대	학업역량26.7 + 전공적합성26.7 + 인성20 + 발전가능성26.7	
경상대	전공적합성50 + 인성20 + 발전가능성, 자기주도성30	
부산대	진로역량 + 사회역량	
전남대	학업수행역량50 + 인성역량50	
전북대	전공적합성 및 발전가능성70 + 인성 및 사회성30	
제주대	전공적합성30 + 자기주도성30 + 인성·공동체기여도40	
충남대	전공적합성30 + 인성10 + 발전가능성20 + 의사소통능력30	
경인교대	교직관30 + 문제해결능력35 + 잠재능력35	
공주교대	지적역량 + 인성역량 + 교직역량 + 의사소통 및 태도	
광주교대	교직적성40 + 문제해결능력30 + 교직인성30	
대구교대	의사소통능력 + 문제해결능력 + 교직소양 및 인성	
부산교대	의사소통역량 + 교직인성 및 전문성개발역량 + 창의융합역량	
서울교대	교직인성 + 교직적성 + 교직교양	
전주교대	학업적성 + 일반교양 + 교직적성	
진주교대	긍정적자아개념33.3 + 교사로서의 자질33.3 + 전문성 및 발전가능성33.3	
청주교대	교직인·적성40 + 창의적탐구20 + 리더십20 + 의사소통20	
한국교원대	전공적합성 + 교직적성 + 교직인성 + 문제해결능력	

*위 정보는 면접이 있는 학종의 일반전형을 예시한 것이므로 정확한 세부 전형과 평가 영역 및 비율은 면접자가 각 대학교 홈페이지에서 확인해야 함.

04

합격으로 가는 면접 준비
어떻게 해야 할까?

기본이 탄탄하면 어떤 상황에서도 대응할 수 있습니다.

　면접 유형은 달라도 면접의 기본자세와 마음가짐은 공통 사항이다. 면접은 오랜 기간 지속되는 관찰평가가 아니므로 첫인상과 비언어적 요소가 중요하다. 면접에 임하는 학생의 기본자세를 간단하게 제시하면 다음과 같다.

　머리 모양과 복장은 단정하게 한다. 상당수의 면접관은 보수적인 경향이 강하고, 성향의 차이가 있더라도 용모가 단정한 학생은 면접관에게 호감을 준다. 면접장에 들어서면 먼저 안정된 자세에서 면접관과 이동할 자리를 눈으로 확인한다. 인사를 할 때는 손을 모아 2~3초 고개를 숙인 다음 밝은 표정을 짓는다. 이때 거의 모든 대학이 이름, 출신 학교 등 개인 신상을 밝히면 안 된다는 조건이 있으니 주의가 필요하다. 대답할 때는 질문하는 면접관을 응시하되 부드럽고 자신 있게 말하고 시선은 면접관의 미간과 눈 바로 밑을 본다. 말끝을 흐리지 않으며, 자신 있는 말투로 답변한다. 나도 모르게 긴장할 수 있으므로 평소보다 조금 크게 말한다고 생각하고 답변한다. 예상치 못한 질문을 받더라도 당황하지 말고 차분한 어조로 간단명료하게 대답하려 노력한다. 보충질의를 받았을 때는 면접관의 의도를 다시 파악하되 내용의 일관성을 유지하는 것이 중요하다.

면접에서 가장 중요한 것 중의 하나가 자신감이다. 면접장에 들어선 것 자체가 합격할 충분한 자격을 갖춘 것이다. 그동안 노력한 자신에게 박수를 보내며 자신감을 가져도 된다. 면접 고사에서 자신감과 당당함 그리고 여유를 가지려면 연습할 때부터 몸에 배도록 해야 한다. 자신감 없이 면접장에서 실력 발휘를 하기는 어렵다. 위축될 필요가 없다. 지나치게 걱정하거나 떨지 말고 자기의 생각을 아는 대로 최선을 다해서 대답한다고 생각하고 여유를 가지려 노력해야 한다. 질문의 핵심을 정확히 파악하고 핵심 대답을 먼저하고 그 이유나 구체적 실례로 부연 설명한다. 분야별로 예상되는 질문을 생각해 보고 거기에서 연상되는 문제에 대해서도 어떻게 대답할지 연습해 본다. 서류 기반 면접은 학교생활기록부를 면밀하게 파악해야 한다. 고교 3년간의 활동을 다시 짚어보면서 예상 질문을 만들고 답변하는 과정을 통해 자신의 과거와 현재 그리고 미래를 그려보며 자신 있게 면접장에 들어서야 한다.

면접 고사에서는 수험생의 답변에 논리가 담겨 있어야 한다. 수험생이 얼마나 알고 있는지, 인성과 가치관은 학문을 하는 데 적절한지, 건전한 상식과 창의적인 태도를 지니고 있는지, 전공에 대해 기본 지식이 있고 공부할 자격이 있는지 등 여러 관점에서 수험생의 학문적 자질을 살핀다. 다음으로 자기가 전공하고자 하는 학문을 포괄적으로 이해한다. 예를 들면 자기가 전공하고자 하는 학문의 상위 개념인 자연과학, 사회과학, 생활과

학, 의학 등의 기본적 속성을 정리해 본다. 마지막으로 자기가 전공하고자 하는 학과에 대한 이해가 필요하다. 지원 학과의 주요 개념들에 대한 정리, 근본적인 문제들에 대한 검토(정의, 분야, 관련 학문, 미래의 발전 방향, 연구방법론, 대표적 학자), 그 학문 분야의 주요 쟁점들에 대한 논쟁의 초점 이해 및 자신의 의견 정리, 지원 동기 및 향후 계획 등을 생각해 본다. 평소에 자신의 인생관, 자아관, 세계관 등이 확립되어 있고 사회 문제에 관심이 있으며, 진학하려는 분야에 대한 배경지식이 있어야 한다. 하지만 현실적으로 이런 모든 것을 학생들에게 요구하는 것은 힘들다. 따라서 고3 입시 철 면접 대상자가 됐을 때 단기간에 최선을 다해 몰입해서 실전처럼 연습하는 것이 필요하다.

05

면접 시 꼭 알고 가야 할 면접 문항 8가지

알고 대비하면 자신감이 생기고 다른 답변도 잘할 수 있습니다.

인성 면접에서는 기본적으로 준비해야 할 문항이 있다. 거의 모든 면접자가 예상할 수 있는 문항이기에 답변 포인트는 일반적인 이야기가 아니라 자신의 이야기를 하는 것이다. 제시문 기반 면접에서도 출제되는 문항 유형이 있다. 그렇지만 중요한 것은 면접자의 학교생활과 제출서류를 중심으로 준비해야 한다는 것이다. 시중에 공개된 면접 문항과 답변 팁을 보는 것보다는 자신의 학생부를 한 번 더 살펴보고 어떤 질문이 나오더라도 "나를 묻는 문항은 내가 가장 잘 알고 있다"는 자신감으로 나의 이야기를 풀어가는 것이 중요하다. 다음에 제시한 면접 문항에 답을 달아보고 모의 연습을 하는 영상을 찍어보면서, 자신의 답변을 객관적으로 평가하고 부족한 부분을 보완해 간다면 좋은 면접 점수를 받을 것이다.

자기소개를 간단하게 말해보세요

질문의 조건은 두 가지이다. '자기소개'와 '간단하게'이다. 나의 활동, 나의 성격, 나의 현재, 나의 진로, 나의 꿈 등 누구나 할 수 있는 대답으로는 부족하다. 다른 사람 즉 다른 면접자와 구분되는 나만의 고유한 특성이 무엇인가 고민해야 한다. 나의 정체성 즉 나를 나이게끔 하는 무엇을 말해야 하는데, 그것이 어렵다면 나의 어떤 면을 보여줘야 합격에 가장 가까울지 고민하면 된다. 그리고 간단하게 말해야 한다. 장황하게 떠벌리지 말고 논리적으로 표현해야 한다. 생각이 많으면 처음부터 말이 꼬인다. 나를 가장 잘 드러내 주는 세 가지 특성을 논리적으로 연결하여 가장 중요하다고 생각하는 것부터 말하는 것도 괜찮다.

지원하는 대학의 면접 평가 요소를 살펴보고 답변을 하는 것도 좋은 방법이다. 대학교 홈페이지에서 면접 평가 요소를 확인한 후, 그와 관련된 활동을 두괄식으로 말하고 그 근거를 한 가지씩 간명하게 답변하는 것이다. 예를 들어 가천대학교는 면접 평가 요소가 인성(30%), 전공적합성(30%), 발전가능성(20%), 의사소통 능력(20%)이다. 그렇다면 지원자의 품성을 대표하는 한 문장과 사례(인성), 지원 학과와 관련된 관심과 열정 한 문장과 사례(전공적합성), 자기 주도적으로 목표를 수립하고 실천한 문장과 사례(발전가능성)를 진정성 있게 답변(의사소통 능력)하면 된다.

학생 성격의 장점과 단점을 말해보세요

이 질문은 세 가지를 생각해야 한다. 성격, 장점, 단점이다. 성격(性格)은 개인의 개성과 관련이 있는 독특한 심리 체계로 상대방과 상호작용을 하는 과정에서 일정한 태도나 의견, 성향이나 기분 등으로 표출된다. 즉 어떤 역량이라기보다는 개인적 특성이기에 솔직하게 자신의 장점과 단점을 말하면 된다. 단, '가장'이라는 조건이 숨어 있다고 생각하고 여러 개의 장점과 단점 중에서 가장 큰 특성 하나만을 말하는 것이 좋다. 다른 질문에 답변할 시간도 필요하기 때문이다.

이 질문은 학업태도나 의지와 관련이 있고 발전가능성을 평가해 볼 수 있는 문항이다. 지원 학과에 진학하여 성공적으로 학업을 수행하는 데 가장 관련이 깊은 특성이 무엇일까 하나만을 선별하고 그 근거를 제시하자. 단점은 그 자체의 부족함보다는 단점을 솔직하게 인정하고 그것을 극복하기 위해 어떤 노력을 하고 있는지 그리고 앞으로 어떻게 개선해 갈 것인지를 말함으로써, 간접적으로 또 다른 형태의 장점이 숨어 있는 답변을 하는 것이 좋다.

지원 동기, 학업 계획, 진로 계획을 말해보세요

이 질문은 '왜(why), 어떻게(how), 무엇을(what)' 형식으로 답변을 구상해 보자. '왜 우리 학과에 지원하게 되었나요?, 입학 후 어떻게 공부를 해나갈 것인가요?, 전공 후 무엇을 할 것인가요?' 이 세 가지 질문에 답을 해서 지원 동기가 타당하고 학업 계획이 구체적이며 진로 계획이 실현 가능한지에 대해 긍정의 평가를 받을 만한 답을 준비하자.

지원 동기는 지원자의 과거 이야기이고 학업 계획과 진로 계획은 미래를 말하는 것이다. 이 질문에 답을 하기 위해서는 지원 대학의 인재상과 지원 학과에 대한 정보를 알아야 한다. 지원 대학과 학과 홈페이지에서 학과(계열) 특성, 교육과정, 졸업 이후의 진로 사항 등을 먼저 살펴봐야 한다. 그리고 그런 공부를 잘 해낼 수 있다는 근거를 자신의 역량과 고교생활의 경험으로 제시해야 한다.

가장 좋아하는 과목과 학습법을 말해보세요

고등학교에서 배운 과목 중에서 '가장 좋아하는 과목', '학업성취도가 가장 높은 과목', '지원 학과와 가장 관련이 깊은 과목' 중에서 어떤 것을 답할지 결정해야 한다. 순수하게 좋아하는 과목을 말하는 것은 아쉽다. 예를 들어 경영학과를 지원하는 학생이 음악을 가장 좋아한다고 솔직하게 답변하는 것은 뭔가 아쉬운 답변이다. 만약 컴퓨터공학을 지원한 학생이 실제로 문학을 가장 좋아하더라도, 면접에서는 좋아하는 과목을 수학이나 물리 교과로 말하고 그 과목이 왜 좋은지를 답변하는 것도 고려할 만한 사항이다. 가장 좋아하는 과목이라고 질문했지만, 이 질문의 의도는 학생의 학업역량과 전공적합성을 평가하는 것이다. 그리고 학습법 질문을 통해 학습 의지와 태도를 보고 발전가능성을 평가할 가능성이 있다는 것도 생각해야 한다.

면접 질문에 솔직하게 답변하는 것이 가장 좋다. 그렇지만 기출 문제로 예측이 가능한 문항이라면, 그 질문의 의도를 파악하고 좋은 평가를 받을 만한 답변을 준비하는 것이 합격에 가깝다. 가장 좋아하는 과목이 어떤 과목인지는 그렇게 중요한 것이 아니다. 그 과목이 왜 좋은지, 자신에게 어떤 의미가 있는지 설득력 있게 답변하는 것이 더 중요하다. 그리고 학습법은 예습과 복습, 독서와 문제 풀이와 같은 일반적인 학습법이 아니라, 학생의 자기주도성과 탐구력, 학습 태도와 의지를 평가하려는 문항임을 고려해야 한다.

자신의 진로를 선택하는 데 가장 영향을 준 교내활동을 말해보세요

이 질문은 기본적으로 진로역량(전공적합성)을 묻고 있다. 수업 시간에 이루어진 학습 경험은 주로 학업역량과 관련이 깊고, 교내활동은 진로활동, 동아리 활동, 자율활동, 봉사활동 등을 하면서 자기 주도적으로 진로를 탐색한 관심과 열정이 드러난다. 학생이 교과 수업 이외에 학교에서 즐겁게 활동한 사례를 말하면 된다. 이왕이면 지적 호기심을 갖고 수행한 학습 경험이 교내활동으로 확장되어 미래에 하고 싶은 일이 생겼다는 흐름으로 답변을 구상하면 된다.

학생이 대학교 학과를 지원하는 데 가장 관련이 깊은 교과가 있을 것이다. 그런데 고등학교 교육과정과 대학 교육과정이 일치하지 않아 스스로 더 알고 싶어서 수업 이외에 관심을 보인 활동을 생각해 보면 된다. 자율적으로 수행한 다양한 경험, 교과 지식을 심화시킨 활동, 관심 영역을 확장한 사례, 다양한 교과와 경험을 융합하고 결합한 활동 등을 찾아보면 좋다. 그리고 그 활동의 결과만이 아니라 활동의 계기와 과정, 배움과 성장을 논리적으로 표현해야 한다.

동아리 활동을 하면서 가장 기억에 남는 활동을 말해보세요

동아리 활동은 진로를 탐색한 경험으로 전공적합성 즉 지원한 학과와의 관련성을 생각하고 답변을 구상해야 한다. 왜 그 동아리를 가입하게 되었는지, 어떤 활동을 했는지, 그 활동의 결과로 어떤 성장을 했는지, 동아리 활동 이후 나타난 변화는 무엇인지를 생각해 본다. 가능하다면 진로와 가장 가까운 활동, 지속적으로 탐구한 활동, 동아리 활동에서 맡은 역할을 생각해 보고 어떤 사례를 말하는 것이 좋을지 선택해야 한다.

답변할 활동을 선택했다면 그 활동이 왜 가장 기억에 남는 활동인지를 면접관에게 설득력 있게 구체적으로 표현해야 한다. 활동의 계기, 과정, 결과 그리고 그 활동에서 자신이 어떤 역할을 수행했는지를 명확하게 답변해야 한다. 동아리 부장이라면 자연스럽게 리더십과 연결하면 좋을 것이다. 공동의 프로젝트를 수행하는 과정에서 협업 능력을 보여주는 내용과 어려움을 해결하는 과정에서 창의적 문제해결 능력을 보여준다면 더없이 좋은 답변이 될 것이다.

학급에서 배려와 나눔을 실천한 경험을 말해보세요

위와 같은 질문은 공동체 역량 즉 공동체의 일원으로서 갖춰야 할 바람직한 사고와 행동을 할 수 있는지를 알아보려는 인성영역의 문항이다. 배려와 나눔의 경험이라고 했지만 답변하는 수험생의 협업과 의사소통 능력, 표현력 등을 평가하려는 의도이다. 학급으로 범위를 제한했으므로 학생부에 기록된 자율활동에서 답변 사례를 찾아보면 된다. 학급에서 친구를 배려하고 양보한 구체적인 경험은 무엇이 있는지, 학급 친구들과 나눔을 실천한 사례를 답변하면서 타인을 이해하고 존중하는 태도를 지닌 학생이라고 평가받으면 된다.

개인적 경험을 묻는 문항의 답변 포인트는 진솔하게 구체적으로 답변하는 것이다. 답변하는 사례의 좋고 나쁨이 중요한 것이 아니다. 면접관은 답변자의 의사소통 능력을 평가하기 위해 답변하는 자세와 태도에 주목하고 있으니 정직하게 자신의 이야기를 하면 된다. 누구나 답변하는 상투적인 표현이나 추상적인 문구를 인용하는 것은 좋지 않다. 에피소드를 말하는 문항일수록 수다스럽고 산만한 느낌이 들지 않도록 간단하게 말하되 밝은 표정과 시선 처리가 중요하다는 것을 생각하고 답변하자.

끝으로 하고 싶은 말이 있다면 해보세요

면접을 마치면서 마지막으로 하고 싶은 말을 할 수 있는 기회이다. 준비한 자가 기회를 잡는 법이다. 준비한 발언 기회를 주지 않는 대학도 있지만, 미리 잘 준비해뒀다면, 발언 기회가 왔을 때 당황하지 않고 답변할 수 있을 것이다. 마지막 합격의 순간까지 긴장을 풀지 말고 면접의 화룡점정(畵龍點睛)이 될 수 있는 멘트를 준비하도록 하자.

　마지막 발언이기에 짧고 임팩트가 있어야 하며 진정성이 전해져야 한다. 진학 의지를 드러내되 감정적인 표현이나 울먹이는 듯 말끝을 흐리는 모호한 표현은 좋지 않다. 힘주어 또박또박 말하는 사전 연습이 필요하다. 면접 자리에서 말을 하고 있다는 자부심과 꼭 합격하고 싶다는 진학 의지 그리고 잘 해낼 수 있다는 자신감을 담은 발언을 준비하자. 자부심, 진학 의지, 자신감이 담긴 3문장을 만들어 보자. 마지막 발언 기회를 나에게 줬다는 것은 모든 면접 대상자에게도 똑같은 기회가 주어졌다는 것이다. 따라서 면접관이 나와 다른 면접자를 같은 기준으로 평가할 수 있다는 것이므로 차별성 있게 나만의 멘트를 준비하여 합격의 영광을 누리길 기원한다.

면접 전에 꼭 확인해야 할 체크리스트 24가지

마지막까지 점검하고 확인해서 합격의 기쁨을 누리세요.

　면접 고사 일정과 전형 방법 등은 대학교 입학처 홈페이지(대입전형)에 공지되어 있으므로 면접 대상자가 되었다면 단기간에 밀도 있게 준비하는 것이 필요하다. 말을 통해 평가하는 것이므로 발표를 많이 하고 평소에 말하는 연습을 하는 것이 좋다. 그렇지만 대입을 치르며 많은 것을 신경 쓰는 수험생에게 면접 고사의 원론적인 이야기를 하는 것은 실효성이 떨어진다. 현실적으로 면접 대상자가 되고 세부 면접 사항이 발표되면 자신의 입시 일정을 고려하여 면접 준비에 몰입하는 것이 좋다. 면접을 준비하면서 점검해야 할 사항을 정리하면 다음과 같다.

〈면접 대상자가 되었을 때 점검 사항〉

연번		점검 내용	확인
1	대학 입학전형 확인하기 (대학 홈페이지)	면접 고사 날짜, 시간, 장소	
2		면접 고사 준비 사항, 주의사항	
3		면접 고사 평가 방식과 방법	
4		면접 고사 평가 요소와 배점	
5	선행학습 영항평가 결과보고서 확인 (대학 홈페이지)	전년도 면접 출제 문항, 평가 형식	
6		면접 문항 출제 의도, 문항 분석 및 해설	
7		면접 답변 평가 및 모범 답안 예시	
8	제출서류 확인 (학생부, 자소서 등)	학생부, 자소서 등 제출서류 내용 숙지	
9		학생부, 자소서에서 면접 문항 뽑기	
10	모의 면접 연습	모의 면접 횟수, 방법, 일정 계획하기	
11		모의 면접 프로그램 참가하기	
12		모의 면접 자체 영상 찍기	
13		모의 면접하는 자신 평가하기	
14	모의 면접 피드백	면접실 입장과 퇴장 인사 및 인사말	
15		앉는 자세, 시선 처리, 경청 자세	
16		말의 속도, 말의 길이, 말투, 표현 등	

〈면접 직전에 확인해야 할 사항〉

연번	점검 내용	확인
1	면접일 머리 모양은 결정했나?	
2	면접일 복장과 신발은 미리 준비했나?	
3	면접 시간과 장소는 정확하게 확인했나?	
4	면접장 교통편은 여유 있게 계산해서 확인했나?	
5	수험표와 신분증은 준비했나?	
6	면접일 보온을 생각해서 외투를 준비했나?	
7	면접 대기시간에 이용할 메모, 책, 필기구 등은 준비했나?	
8	면접 전날 자신 있게 답변하는 나의 모습을 상상했는가?	

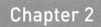

Chapter 2

합격으로 가는 면접 전략이 여기에 있다!

인성 면접이란 무엇인가?

인성(人性)은 사람의 성품, 됨됨이, 다른 사람과 구별되는 사고(思考)와 태도 및 행동의 특성이다. 성품과 됨됨이 그리고 그 사람의 고유한 특성을 파악하는 것이 인성 면접이라고 생각하면 된다. 그러나 짧은 시간에 상대 방과 이야기를 나누고 인성을 평가하는 것이 어려운 일이기에 인성 면접 은 대입에서 변별력이 크지 않다. 대학에서 안내한 내용과 기본적인 면접 의 자세만 유지하면 무난하다.

인성 면접은 대학교에서 면접 전에 문항을 공개하거나 이미 나왔던 문 제가 다시 출제되기도 하여 인터넷에서 기출 문항을 쉽게 찾아볼 수 있다. 자신감과 진솔한 답변으로 대학생으로서의 기본교양과 인성을 지니고 있 다는 것을 인정받으면 되는 셈이다. 물론 질문이 평이하다고 해서 너무 쉽 게 생각해서도 안 된다.

인성 면접에서 기본적으로 대학과 지원 학과에 대한 기본적인 지식이 필요하다. 대학(大學)은 '큰 배움'을 통해 인격을 연마하고 사회생활에 필요한 지식과 기능을 습득하여 자아를 실현하고 사회에 공헌하기 위한 배움터이다. 전공 학문은 개인의 꿈을 실현하고 직업을 선택하는 데 지대한 영향을 미친다. 이런 면에서 자기가 전공할 학문의 특성과 함께 자기의 적성과 특기, 장래 계획 등을 종합적으로 고려하여 답변하면 된다.

인성 면접은 문제 풀이나 지식 평가가 아니기에 다른 면접에 비해 면접자의 자세와 태도가 중요하다. 아래 내용을 참고로 하여 여유와 자신감을 가지고 당당하고 조리 있게 답변하여 면접관에게 나의 장점과 진학 의지를 드러내면 된다.

자기 주도적인 자세가 필요하다

대학생이 된다는 것은 사회적 존재로서 독립된 인격체가 된다는 것이다. 즉 대학생 신분의 획득과 함께 주인의식을 가지고 자기 주도적으로 삶을 적극적으로 개척해 나가야 한다는 것을 뜻한다. 따라서 주체적으로 판단하고 합리적으로 선택하는 용기와 그 결과에 대해 책임을 지는 자세가 필요하다.

(예시)

- 간단하게 자기소개를 하고 지원 학과에 합격해야 하는 이유 3가지를 말해보세요.
- 해당 학과에 지원한 이유와 본인의 장래 희망에 대해 말해보세요.
- 20년 후 자신의 미래 모습에 대해 말해보세요.

긍정적인 가치관과 성실한 자세는 기본이다

자신의 인생에서 중요하게 생각하는 가치와 삶의 의미를 생각한다. 앞으로 어떻게 살아갈 것인가를 성찰하고, 올바른 가치관과 세계관을 정립하여 인생의 방향과 목표를 설정하려는 노력을 기울여야 한다.

(예시)

- 자신의 장점과 단점은 무엇인가요?
- 학생이 다른 친구들과 구별되는 가장 큰 특징과 경쟁력은 무엇인가요?
- 자신에 대해 바꾸고 싶은 점이 있다면 무엇이며, 그것을 위해 어떤 노력을 할 것인지 말해보세요.

열린 마음으로 개척하는 자세가 중요하다

세상은 급격하게 변화하고 있기에 현실의 어려움을 해결하고 더 나은 가능성을 찾아 나서려면 열린 자세와 도전정신이 필요하다. 인간과 사회의 다양성을 인정하고 열린 마음으로 현실의 가능성을 확장하기 위해 미지의 세계에 대해 끝없이 탐구하는 적극성이 필요하다.

(예시)

- 고교생활 중 새로운 분야에 도전했던 경험이나 미래에 도전하고 싶은 일을 말해보세요.
- 대학 합격 후 학업 계획과 졸업 이후에 사회에 어떻게 이바지할 것인지 말해보세요.
- 직업을 선택할 때 가장 중요하게 생각하는 것이 무엇인지 말해보세요.

인생의 장애물을 극복하는 자세가 필요하다

인생은 끊임없는 고난과 어려움 그리고 갈등과 충돌의 과정이다. 인생은 여러 장애물을 만나 극복하고 전진하는 과정의 연속이기도 하다. 나 자신은 물론이고 다른 사람과 부대끼며 살아가야 한다. 이러한 과정에서 어려움에 굴복하고 좌절하면 자신의 행복을 개척할 수 없다. 굳건한 의지와 인내로 어려움을 극복해 나가는 자세가 필요하다.

（예시）

- 고교 시절 가장 기억에 남는 일과 그 이유에 대해 말해보세요.
- 지금까지 살아오면서 가장 큰 어려움은 무엇이고 이를 어떻게 극복했는지 말해보세요.
- 고등학교 생활에서 가장 의미가 있었던 일은 무엇이고 그것이 학생에게 어떤 교훈을 줬는지 말해보세요.

서류 기반 면접 대비는 이렇게 하자

　서류 기반 면접에서 서류는 학교생활기록부로 정리되고 있다. 예전 추천서와 자기소개서 그리고 학업 계획서나 별도의 서류도 결국 학생부에 기반하고 있다. 서류 기반 면접은 학생부의 내용을 토대로 대학교 입시관계자가 출제한 문항을 수험생이 답변하는 형식의 면접이다. 학생부 기록에 대한 진실성을 확인하고 입학 후의 수학능력과 적응력을 평가하는 구술 평가라고 보면 된다. 학생부에 기록된 학업성취도와 활동 경험, 활동에서의 학생의 역할과 가치관 등을 확인하고 지원자의 답변을 관찰하여 개인적 특성과 잠재력을 평가한다.

　서류 기반 면접을 대비하는 것은 이론적으로 단순하다. 자신의 학생부에 기록된 내용에 대해 답변할 수 있는 만반의 준비를 다하는 것이다. 학생부 기록에서 어떤 문제가 출제되는지, 다음 내용을 참고하여 자신의 학생부를 보고 면접 문항을 직접 출제해 보자.

출결사항

학교생활의 성실성과 인성을 보는데 특별한 사항이 없다. 미인정 출결 상황에 대해 질문한다면 간단하게 답변하면 되고, 학생 대부분은 출결에 특이사항이 없어서 질문이 없다. 출결에 어떤 문제가 있다면 핑계를 대지 말고 솔직하게 답변하고 그 문제를 개선하기 위해 노력한 사례를 말하고 다음 질문으로 넘어가는 것이 좋다.

자율활동

학교교육계획에 의해 실시한 교육활동을 기재하는 항목으로 인성과 발전가능성의 근거가 된다. 학급 활동, 학생회, 도우미 활동 등에서 학생의 기여도와 활동을 통해 배우고 느낀 점을 질문한다. 예를 들면 "학급 반장을 하면서 창의적으로 문제를 해결한 경험이 있다면 말해보세요"와 같은 형태의 질문에도 활동 사례의 과정을 구체적으로 답변하면 된다.

동아리 활동

전공적합성을 판단하는 근거가 되며 학업역량이나 발전가능성 등 다른 측면과도 관련성이 있어 자주 출제되는 영역이다. 예를 들면 "3년 동안 과학탐구반 활동을 하면서 과학 부스를 운영했는데 그 내용과 학생의 역할을 말해보세요"처럼 활동의 세부 내용과 학생의 역할을 통해 탐구력과 협업 능력 등을 평가한다.

진로활동

전공적합성과 자기주도성을 평가하기 좋은 영역이다. 학교에서 공통적으로 시행한 진로활동은 의미가 없다. 학생 스스로 자신의 진로를 개척하기 위한 적극성과 주도성을 파악한다. 예를 들면 "고교-대학 연계 프로그램에 참여했는데, 활동의 내용과 결과에 대해 구체적으로 말해보세요"처럼 전공에 대한 관심과 열정을 주로 확인한다.

봉사활동

학교교육계획에 따라 교내에서 실시한 봉사활동을 통해 나눔과 배려 등 인성을 평가한다. 예를 들면 "학교 급식 도우미 활동을 하면서 어려웠던 점과 활동을 통해 어떤 성장을 이루었는지 말해보세요"와 같은 형태로 활동의 내용보다는 활동을 통해 배우고 성장한 면에 주목한다.

교과학습발달상황

학년별·학기별 성적과 세부능력 및 특기사항이 기재되어 있다. 교과성적으로 학업역량을 알 수 있고, 전공 관련 교과목 이수 및 성취도는 전공적합성이 잘 드러난다. 세부능력 및 특기사항은 과목별로 다양한 활동이 기록되어 있기에 학업역량, 전공적합성, 발전가능성, 인성을 모두 평가할 근거로 활용되는 만큼 철저한 준비가 필요하다. 예를 들면 "장애인 차별을 금지하기 위한 영상 제작을 통해 박수를 받았다고 하는데 어떤 내용이었는지 구체적으로 말해보세요"처럼 교과 세특에 기록된 모든 내용은 출제 가능하다. 특히 전공과 관련이 있는 교과 활동은 필수 출제 문항으로 활용된다.

행동특성 및 종합의견

담임교사가 작성하는 학생에 대한 종합평가이기에 대학에서는 이전의 대입 추천서와 같은 의미를 지닌다. 주로 인성영역에 대한 평가가 이뤄지고 있고, 대학이 학생을 평가한 신뢰도를 검증해보는 질문과 깊은 관련이 있다. 예를 들면 "시간 관리와 자기 통제력이 강해 발전가능성이 높은 학생이라고 담임선생님께서 평가했는데, 그렇게 평가한 근거가 무엇인지 말해보세요"처럼 담임 평가의 이유를 설명하는 문항이 자주 출제된다.

위의 내용을 참고로 하면서 내가 면접관이라고 생각하고 나의 학생부에서 면접 문항을 출제해 보자. 다음 자료는 동국대학교 면접 안내 예시 문항의 일부를 가져온 것이다. 동국대 입학처 홈페이지에서 지원 학과에 따라 면접 문항을 세세하게 안내하고 있으니 참고하기 바란다. 저작권은 전적으로 대학교에 있으며, 다음은 그 내용을 부분적으로 편집하여 인용한 것이다.

교과 세부능력 및 특기사항에서 추출한 문항
- 경험론과 합리론의 차이에 대해서 발표했는데, 그 차이는 무엇인지 설명해보세요.
- 빅데이터와 행렬의 관련성을 발표했는데, 구체적으로 설명해보세요.
- 국제사회의 분쟁을 윤리적 관점에서 설명했다고 하는데, 국제분쟁과 윤리가 어떤 관계가 있는지 설명해보세요.

자율활동에서 추출한 문항
- 학급 프로젝트에서 ○○○○ 기사를 작성했다고 하는데, 어떤 내용인지 설명해보세요.
- 교량에 이용되는 ○○○○라는 주제로 발표했는데, 발표내용을 구체적으로 설명해보세요.
- 동아시아 속 ○○○○라는 주제로 수업을 설계해보았다고 하는데, 동아시아 속에서 ○○○○은 어떤 의미가 있는지 설명해보세요.

학생부 진로활동에서 추출한 문항

- AI가 주목받는 시대에 국문학이 과학 기술에 대체될 수 없는 분야라고 했는데, 그렇게 생각하는 이유를 말해보세요.
- 정의와 공정 문제에 관심이 많아 사회철학자가 되고 싶다고 했는데, 학생이 생각하는 정의와 공정 문제는 어떤 것인지 말해보세요.
- 마케팅 세미나 시간에 부정적 광고와 비교 광고의 예시를 발표했는데, 어떤 예시가 있는지 구체적으로 말해보세요.

동아리 활동에서 추출한 문항

- 영문학 작품을 번역하는 활동을 통해서 배운 점이 무엇인지 말해보세요.
- 최근 일본 내 사회적 이슈를 조사하여 발표했는데, 가장 기억에 남는 이슈가 있다면 무엇인지 말해보세요.
- 파이썬과 C 언어를 다뤄본 경험이 있다고 했는데, 각 프로그램의 장단점에 대해서 설명해보세요.

독서활동에서 추출한 문항

- ○○○○ 책을 읽었습니다. 이 책에서 가장 인상 깊었던 부분을 말해보세요.
- ○○○○ 책을 읽었는데 저자가 독자에게 전하고자 한 메시지가 무엇인지 말해보세요.
- ○○○○ 책을 읽었는데 내용을 간단히 소개하고, 가장 기억에 남은 부분이 있다면 설명해보세요.

03

제시문 기반 면접은 어떻게 준비할까?

　제시문 기반 면접은 대학에서 출제한 제시문 분석에서 시작된다. 제시문에 대한 수험생의 독해 능력, 추론 능력, 논리적 표현 능력 등을 평가하고 나아가 가치관까지 엿볼 수 있는 형태로 다른 면접에 비해 어렵다. 평소 학업역량을 갖춘 학생이라면 스스로 면접을 준비할 수 있겠지만 제시문 면접을 보는 대다수의 수험생은 주변의 도움을 받아 면접을 대비한다. 제시문 기반 면접은 서울대, 연세대, 고려대, 교대, 특수대학, 의학계열 등 소수 대학과 일부 계열(학과)에서 이루어지고 있다.

　대학교는 '선행학습영향 자체평가보고서'에서 제시문 전문을 공개하고 출제 의도, 출제 근거, 채점 기준, 답안 예시 등 가능한 한 모든 내용을 공개하고 있다. 대학은 제시문이 고교 교육과정을 벗어나지 않았기에 고교 학습을 충실하게 하고 지원 전공에 대한 관심만 있다면 어렵지 않을 것이라고 말한다. 그렇지만 수험생은 제시문과 출제 유형이 익숙하지 않아 부담을 느끼고 어떻게 준비할지를 고민한다. 제시문은 고등학교 교육과정의 기본 개념을 토대로 하여 단편적인 지식보다는 종합적인 사고력을 평가하기 위해 여러 과목의 고등학교 교과서에 기초하고 있다. 제시문을 분석하는 시간을 두고 면접장에 입장하여 면접관과 수험생 사이의 상호작용을 통해 면접 평가 요소에 따라 논리력, 표현력, 사고력 등을 종합적으로 평가한다.

제시문 기반 면접을 준비하는 현실적인 방법은 수험생이 혼자 할 것인가 아니면 사교육 기관의 도움을 받을 것인가이다. 두 가지 중 어떤 것을 선택하더라도 장단점이 있으니 수험생의 결단과 선택을 좋은 결과로 만들기 위한 노력이 필요하다.

수험생 스스로 준비하기

지원 학과와 관련된 교과의 개념을 잘 이해하고 있고 문제해결 능력이 있는 학생이라면 스스로 준비할 수 있다. 대학교 입학처에서 공개한 면접 안내 자료를 보면 출제의 방향을 쉽게 파악할 수 있다. 대학, 학과에 따라 관련 교과가 다르기에 수험생이 지원한 학과에서 출제되는 교과 지식을 학교에서 공부한 방식대로 다시 복습하며 면접을 준비하는 것이다. 고등학교 지도교사에게 질문하여 교과 지식을 심화시키는 것도 좋은 방법이다. 평소에 자기 주도적으로 공부하면 면접장에서 제시문을 이해하고 풀이하는 과정에서 자기주도성과 탐구력이 빛을 발할 것이다. 풀이 과정에서 막히는 부분이 있더라도 면접관의 도움을 받아 끝까지 최선을 다하는 자세를 보인다면 긍정적인 평가를 받을 가능성이 크다.

사교육 기관의 도움을 받아 준비하기

지원한 대학의 수험생 간에 수준 차이가 미미하여 면접을 대비하는 과정에서 사교육 기관의 도움을 받는 학생이 많다. 어떤 사교육 기관을 선택할지, 대학 입시와 면접을 어떻게 효율적으로 준비할 것인지 등 고민이 될 것이다. 지원 대학이 진학 희망 대학일 가능성이 크기에 수험생은 기회비용을 지불하게 된다. 만약에 사교육 기관의 도움을 받기로 마음의 결정을 했다면 면접을 준비하는 일정을 사교육 기관에 맞춰 단기간에 몰입할 것을 권한다. 면접을 준비하는 과정에서 함께 준비하는 수험생들의 수준과 분위기를 파악할 수 있다는 장점이 있다. 아울러 면접도 교육이라는 생각으로 집중하는 시간을 갖는다면 학업능력의 향상과 함께 대학 진학 이후에도 면접을 준비했던 시간과 노력이 값진 경험이 될 것이다.

04

대학 학과별 특성이 반영된 면접 질문

　　면접 고사는 대학이 자체 기준에 의해 고사를 관리하는 대학별 고사이다. 그러므로 면접의 일반적인 사항을 습득하고 대학별로 준비해 나가면 된다. 대학마다 추구하는 인재상이 다르고 지원 학과의 특성이 있기에 대학과 학과의 특성을 알고 그에 맞는 준비를 해야 한다. 지원 대학의 인재상과 면접에서 선발하고자 하는 학생상이 궁금하다면 대학 홈페이지 입학처에 있는 내용을 살펴보면 된다. 예를 들어 인하대학교는 "현재의 성과가 아닌 미래의 인재로서 성장할 잠재력 있는 인재를 선발하고자 노력하고 있습니다. 교과성적뿐만 아니라 적극적인 교내활동을 통해 자신의 진로를 탐색하고 주변의 친구들을 돌아볼 줄 알고 학교생활에 충실한 학생들을 선발합니다. 학생으로서 학업에 충실하고, 관심 분야에 열정을 지니고 있으며, 사회적 약자에 대한 배려와 공동체를 긍정적으로 변화시키고자 노력하는 학생이 인하대학교에서 찾고 있는 인재입니다."라고 대학교 입학

처 홈페이지에서 안내하고 있다. 마찬가지 요령으로 학생이 지원한 대학
교 인재상과 면접 고사로 선발하고자 하는 인재상을 찾아보고 참고할 필
요가 있다. 대학별로 추구하는 인재상을 정리하면 아래와 같다.

대학	인재상
건국대	글로벌 공동체의 이익을 위해 주도적으로 움직일 줄 아는 창의적 미래 인재
경희대	공동체 안에서 삶을 완성해 나가는 문화인, 지구적 차원에서 평화를 추구하는 세계인, 융·복합 분야를 개척하는 창조인
고려대	미래 세계를 열어가는 지성, 새로운 길을 여는 창조적 인재, 평등과 공영에 이바지하는 정의로운 리더, 진리와 지식을 탐구하는 지혜로운 인재, 고교생활 내에서 학습하여 성장해 온 잠재력 있는 인재
단국대	인간화·첨단화·세계화 교육을 통하여 인류 사회에 봉사하는 전문인
동국대	창조적 지식인, 진취적 지도자, 도덕적 지도자
서울대	학업능력 우수, 진취적인 태도, 다양한 교육적·사회적·문화적 배경과 경험, 약자에 대한 배려심과 공동체 의식을 가진 학생
서울 시립대	끊임없이 혁신하는 창의적 인재, 배려하고 소통하는 인재, 미래 사회를 이끌어 가는 인재
성균관대	수기치인과 인의예지를 바탕으로 국가와 인류 사회에 이바지할 지도적 인재
연세대	학문의 발전을 선도하고, 이웃을 위해 봉사하며, 인류의 번영에 이바지할 수 있는 지도적 역량을 발휘할 수 있는 인재
이화여대	주도하는 인재, 지혜로운 인재, 실천하는 인재
중앙대	자율적 교양인, 실용적 전문인, 실천적 봉사인, 개방적 문화인
한국외대	언어 문화권에 대한 관심과 학습 의지, 미래 외교 통상 분야 인재, 융·복합적 사고방식을 가진 인재
한양대	사랑의 실천이라는 교육 이념 아래 교양인, 전문인, 실용인, 세계인, 봉사인

대학교 홈페이지에 접속하면 쉽게 학과안내를 찾을 수 있다. 학과(계열) 지원의 동기와 학업 계획 그리고 진로 계획은 면접 고사와 대학 생활 설계를 위해 필요한 사항이니 관련 내용을 꼭 찾아보길 권한다. 대학교 학과마다 차이가 있고 방대한 내용이라 지면에 모두 담기에는 어려움이 있으므로 계열별 학과와 출제 문항을 아래와 같이 간단하게 제시한다.

인문학 계열	철학 역사 종교학 신학 미학
어문학 계열	어학 언어학 어문학 문예 창작
법정 계열	법학 행정 경찰행정 정치 외교
경상 계열	경제 경영 통상 무역 통계 정보
사회과학 계열	사회학 언론홍보 사회복지 지역개발 신문방송 문헌 인류 심리 지리
이학 계열	수학 물리 생물 화학 지구과학 환경 우주과학 전산통계
공학 계열	전자 컴퓨터 건축 기계 섬유 유전 산업 원자 재료 자원 토목 조선 항공
가정 계열	의류 식품 영양 가정관리
농림 해양 계열	농학 임학 축산 원예 조경 해양 수산 농산가공
의약학 계열	의예 한의학 간호 보건 약학 제약
예체능 계열	음악 미술 체육 연극 영화 작곡 기악 성악 회화 디자인 공예 무용 사진
사범 계열	교육학 특수교육 종교교육 예체능교육 어문·사회 교육 수리·자연 교육

학과별 특성이 반영된 면접 문항 예시

- 철학이란 무엇이며 철학이 세상을 어떻게 변화시킬 수 있을지 말해보세요.(철학)
- 실학자의 주장을 예를 들어 실학의 특성에 대해 말해보세요.(사학)

- '언어는 세상을 보는 창이다'의 의미를 예를 들어 설명해보세요.(국어국문)

- 영어학과 영문학 중 좀 더 공부하고 싶은 학문과 그 이유를 말해보세요.(영어영문)

- 최근에 관심 있게 본 중국 관련 기사와 그것에 대한 학생의 의견을 말해보세요.(중어중문)

- 세계화 시대에 한문학이 필요한 이유를 말해보세요.(한문학)

- 한국과 일본 문화의 상호 영향에 대해 말해보세요.(일어일문)

- 독일 문학가와 예술가를 한 명씩 소개해보세요.(독어독문)

- 그동안 접해 본 프랑스 문화 중에서 가장 좋아하는 것과 그 이유를 말해보세요.(불어불문)

- 법률 간의 충돌이 생길 경우 해결방안을 제시해보세요.(법학)

- 민주적인 행정의 의미가 무엇인지 말해보세요.(행정학)

- 촉법소년 비행 문제를 해결하기 위한 경찰의 역할을 말해보세요.(경찰행정학)

- 정치를 정의하고 정치의 필요성을 말해보세요.(정치학)

- 한국 경제의 당면 과제와 해결 방안을 말해보세요.(경제통상학)

- 기업의 사회적 책임과 주주의 이익 중 무엇을 우선해야 하는지 말해보세요.(경영학)

- 식량의 무기화에 대한 우리나라의 대응 방안을 말해보세요.(농경제학)

- 관광의 의미 및 전망에 대해 말해보세요.(관광경영학)

- 사회가 개인에게 미치는 영향을 사례를 들어 설명해보세요.(사회학)

- 미래 공공도서관의 모습과 역할을 말해보세요.(문헌정보학)

- 개인의 나쁜 습관을 교정하기 위한 심리학의 활용 방안을 말해보세

요.(심리학)

- 사회복지사에게 가장 필요한 자질은 무엇인지 말해보세요.(사회복지학)
- 사회 발전을 위해 언론은 어떤 역할을 해야 하는지 말해보세요.(언론 미디어학)
- 교육은 교사의 질을 넘어서지 못한다는 말의 의미를 말해보세요.(사범 계열)
- 식품 전공인에게 필요한 직업윤리를 말해보세요.(식품영양)
- 산화와 환원을 예를 들어 설명해보세요.(화학)
- 항원 항체 반응에 대해 설명해보세요.(생명과학)
- 친환경 건축이란 어떠한 것인지 말해보세요.(건축학)
- 자율주행차의 미래에 대해 말해보세요.(기계공학)
- 미래사회를 대비하는 엔지니어의 자세를 말해보세요.(전기공학)
- 수학적 귀납법이 무엇인지 설명해보세요.(전자공학)
- 빅데이터의 긍정적 측면과 부정적인 측면을 말해보세요.(컴퓨터학)
- 의료인에게 가장 필요한 능력과 자질에 대해 말해보세요.(의예)
- 한의학의 장점에 대해 말해보세요.(한의학)
- 간호사에게 필요한 능력은 무엇이고 이를 어떻게 키워갈 것인지 말해 보세요.(간호학)

05
자주 출제되는 면접 기출 문항

면접 기출 문항은 대학교 입학처 홈페이지에 있는 전년도 면접 문항이나 면접 안내 자료와 영상을 참고하면 된다. 일반적으로 인성 면접이나 서류 기반 면접에서 자주 출제되는 기출 면접 문항은 다음과 같다.

- 자기소개를 1분 이내에 말해보세요.
- 가장 최근에 읽은 책이나 영화에 대해 말해보세요.
- 최근에 본 영화나 책에서 가장 인상 깊었던 대사나 문장을 말해보세요.
- 지금까지 살아오면서 가장 기뻤던 순간과 그 이유를 말해보세요.
- 20년 후에 자신이 어떤 모습을 하고 있을지 말해보세요.
- 학생이 생각하는 행복한 삶이란 어떤 것인지 말해보세요.
- 인생의 롤 모델은 누구이고, 학생의 삶에 어떤 영향을 미쳤는지 구체

적으로 말해보세요.

- 인생을 살아가면서 가장 중요하게 생각하는 가치가 있다면 무엇이고 왜 그렇게 생각하는지 이유를 말해보세요.
- 고등학교 생활에서 가장 기억에 남는 일이 있다면 말해보세요.
- 가장 좋아하는 과목과 성적 향상을 위한 자신만의 공부법이 있다면 말해보세요.
- 고등학교 때 학과 선택에서 가장 중요하게 생각한 요인은 무엇인지 말해보세요.
- 학생의 정체성을 가장 잘 드러내는 단어 3개를 말하고 그 근거를 제시해 보세요.
- 학생의 성격 중 가장 마음에 들지 않는 점과 장점을 말해보세요.
- 지금 진정한 친구가 몇 명 있는지 말해보세요.
- 학급에서 친구와 갈등을 겪은 일은 무엇이고 그것을 어떻게 해결했는지 말해보세요.
- 학교생활에서 가장 기억에 남는 창의적 체험활동을 말해보세요.
- 리더십을 발휘했던 경험을 말해보고 학생이 생각하는 리더십이 무엇인지 말해보세요.
- 동아리 활동을 하면서 가장 기억에 남는 활동은 무엇이고 왜 그 활동이 의미가 있는지 말해보세요.
- 학교생활을 하면서 타인을 배려한 경험과 이를 통해 배운 점을 말해보세요.
- 차이와 차별의 사례를 들어 아는 대로 설명해보세요.
- 가장 기억에 남는 수행평가를 말해보세요.
- 학급 활동을 하면서 가장 어려웠던 일은 무엇이고 그것을 어떻게 극

복했는지 말해보세요.

- 왜 우리 대학이 학생을 선발해야 하는지 그 이유를 세 가지 말해보세요.
- 공부란 무엇이고 인간은 왜 공부를 해야 하는지 말해보세요.
- 법과 도덕의 차이가 무엇인지 말해보세요.
- 우리 학과에 지원한 동기는 무엇인지 말해보세요.
- 지원 학과에 대해 아는 대로 설명해보세요.
- 지원 학과를 결정하는 데 가장 큰 영향을 준 교내활동과 그 이유를 말해보세요.
- 대학 진학 후 학업 계획과 진로 계획을 말해보세요.
- 장래 희망을 말하고 그런 꿈을 갖게 된 계기는 무엇인지 말해보세요.
- 대학 진학 후 가장 하고 싶은 공부는 무엇이고 졸업 후에 어떻게 사회에 봉사할 것인지 말해보세요.
- 대학 입학 후 학업 이외에 가장 하고 싶은 일을 말해보세요.
- 직업을 선택하는 데 가장 중요하게 고려해야 할 요인은 무엇인지 말해보세요.

06
학교 선배들의 면접 사례를 찾아보자

　독서가 간접경험을 제공하듯이 면접 사례를 보면 면접이 이루어지는 실제 상황을 이해하는 데 도움이 된다. 그러나 면접 사례를 읽어 보는 것과 직접 면접을 치르는 것에는 많은 차이가 있으므로 다른 사람이 써놓은 면접 사례는 참고만 하고, 합격할 것이라고 의지를 다지며 착실하게 준비하는 것이 필요하다.

　면접 사례는 대학교 입학처 홈페이지에 접속하여 '학생부종합전형 안내 (가이드북)'나 '면접 동영상'을 보면 된다. 그리고 「선행학습영향평가 자체평가 보고서」를 보면 면접의 과정과 운영 및 면접 문항을 공개하여 참고할 내용이 많다. 누누이 강조하지만 내가 면접을 보는 대학의 사례를 보면 되는 것이지 다른 대학 정보까지 찾아볼 이유나 여유는 없다. 면접 사례를 참고하여 자신의 학생부를 살펴보고 예상 문제를 뽑아 모의 면접을 한 번 더 연습하는 것이 중요하다.

면접 사례가 개인 방송이나 블로그, 인터넷 등에 많이 올라와 있지만 정확하지 않은 정보가 섞여 있으니, 가능하면 공신력이 있는 학교나 교육청(진로진학지원센터)에서 제공하는 정보를 참고하는 것이 좋다. 면접의 평가 요소와 비율의 변화가 많으므로 최근 자료를 참고하도록 한다. 학교에서 담임선생님께 면접 사례를 물어보면, 학교 선배들의 사례를 정리해 놓은 자료를 보여줄 것이다. 학교에 누적된 자료가 없다면 다른 참고자료를 찾아줄 것이다. 거의 모든 교육청이 면접 사례를 수집하여 학교에 면접 사례집 파일을 보냈고, 다른 지역 교육청의 사례도 포함되어 있으니 그 자료를 참고하면 된다. 면접 사례는 그냥 참고용 자료라고 생각하고 크게 의존하지 않는 것이 좋다. 면접 사례를 참고하여 쉬는 시간이나 잠자기 전에 모의 주행을 하듯이 눈을 감고 가상으로 면접 시뮬레이션을 해보는 것도 도움이 될 수 있다.

〈인천광역시 교육청에서 발간한 면접 사례집 유형 예시(부분 편집)〉

2022학년도 수시모집전형 합격사례(인문계열)				
지원 대학	인천대	합격사항(○표시)		
지원 학과	법학부	최초합격	충원합격	예비순위
전형유형	학생부종합전형	○		
전형명	자기추천전형			
면접 내용	질문	1. 진로가 경찰인 것 같은데 왜 경찰이 되고 싶나요? 1-1. 검사 역시 그런 일을 하지 않나요? 1-2. 검사가 되려면 로스쿨에 진학해야 하는데 공부할 양이 많아 경찰을 희망한 것은 아닌가요? 2. 수학 성적이 유난히 낮은데 이를 극복하기 위해 어떤 노력을 했나요? 3. 모든 수상 관련 질문 4. 동아리 활동 중에서 기억에 남는 것을 말해보세요. 5. 왜 하필 우리 대학을 선택했나요?		
	답변	1. 사람과 함께 지내는 것을 좋아하고 그들을 돕는 일에 보람을 느낌 1-1. 검사 역시 이와 관련한 매력적인 직업이라고 생각한다. 1-2. 검사가 꿈이었던 적은 없다. 검사는 시민과 직접 연결되어 있고 돕는다는 느낌이 적다. 2. 1학년 때 선생님과 하는 멘토-멘티 활동에 참여하면서 수학에 흥미를 느꼈고 다른 과목보다 많은 비중을 두고 공부했음. 3. 수상의 구체적인 과정과 배움을 설명함. 4. 모의법정에 참여하며 흥미를 느낀 경험을 말함 5. 매년 정기적으로 모의법정을 실시하는 것으로 알고 있음. 이런 이유로 이 학교에 진학하여 이런 활동을 하고 싶음		
당락에 대한 개인적 소감	면접은 교수님한테 지지 않는다는 여유로운 표정과 자신감이 포인트. 교수님이나 입학사정관이 쳐다보지 않아도 상처받지 말고 나의 이야기하기.			

학교생활기록부를 꼼꼼히 분석하자

　학교생활기록부는 수험생의 학교생활을 기록한 공적인 문서이다. 서류 기반 면접에서 학생부는 면접 문제가 출제되는 근원이 되기에 자신의 학생부를 꼼꼼히 분석하고 출제 예상 문제를 추출해야 한다. 고등학교에서 같은 교육과정을 이수했어도 개개인의 학생부는 차이가 있기에 면접 문항도 개인별로 다를 수밖에 없다. 그렇지만 면접의 공정성을 위해 출제되는 유형과 평가 요소는 같으므로 아래와 같은 사항에 유의해서 학생부를 자세히 들여다보고 어떤 문항이 출제되더라도 자신의 활동을 구체적으로 답변할 수 있도록 준비해야 한다.

교과학습발달상황
　학생부에 기록된 학업성취도(등급)는 이미 서류 평가에서 정량평가되었을 것이다. 면접에서는 우선 학생의 성적 변화 즉 학업성취도가 변화된 이유가 궁금할 것이다. 학년이 올라갈수록 성적이 올라갔다면 자신만의 학습법이나 성적 향상의 원인을 물을 수 있다. 반면에 성적이 하락했거나 특정 교과성적이 좋지 않다면 면접관은 수험생의 학업역량을 평가하고 싶을 것이다. 또한 전공 학과와 관련이 있는 교과성적이나 세부 활동을 물을 것이다. 교과 선택의 기준은 무엇이었는지, 그 교과 학습활동이 지원 학과를 결정하는 데 어떤 영향을 주었는지 확인하고 싶을 것이다.

교과별 세부능력 및 특기사항

면접에서 가장 많은 문항이 출제되는 영역이다. 교과 담당 교사가 작성한 교과 활동의 세부 내용을 질문하여 수험생의 학업역량이나 전공적합성 등을 평가하기 위한 문항이 출제된다. 특히 전공과 관련이 깊은 교과는 더 많은 관심이 필요하다. 수업 시간에 이루어진 수행평가, 프로젝트, 발표, 토론, 질문 등의 활동을 묻는다. 지원 학과와 관련이 있는 기록이 있다면 무조건 출제된다는 생각으로 답변을 준비해야 한다. 활동의 결과만이 아니라 학습 경험의 계기, 과정, 결과, 성장 그리고 다른 활동으로 전이 확장한 경험을 구체적으로 답변할 수 있도록 준비해야 한다.

창의적 체험활동

창의적 체험활동은 대학 진학에 영향을 준 활동과 공동체 역량을 평가할 때 주로 묻는 영역이다. 자율활동은 학교와 학급에서 이루어진 자발성에 바탕을 둔 변화 환경 대응 및 공동체 구성원으로서의 역량을 묻는다. 리더십 발휘 경험, 배려와 협동, 갈등 관리 등 수험생의 가치관을 평가하기 위해 주로 평가되는 영역이다. 동아리 활동은 전공적합성을 평가하고 협동 학습 능력과 창의적 태도를 묻는다. 전공 교과 선택에 영향을 준 활동이라면 그 과정과 결과를 통해 배우고 성장한 내용을 반드시 정리해 두어야 한다. 봉사활동은 많이 축소되었으나 지원자의 인성을 평가하기 위해 가볍게 물을 수 있다. 답변을 통해 의사소통 능력이나 표현력 등의 요소와 면접의 자세 및 태도를 평가할 수 있다. 진로활동은 자아정체성 확립과 진로 탐색 설계, 진로 결정 및 준비 등을 평가하기 위해 묻는 영역이다. 왜 그런 활동을 하게 되었는지에 대한 활동의 동기를 묻고 그 활동이 진로 선택에 어떤 영향을 주었는지 활동과 지원 학과의 관련성에 대해 논리적으로 답변할 준비를 해야 한다.

행동특성 및 종합의견

담임교사가 학생을 객관적으로 평가한 부분에서 점검이 필요하다고 생각하는 부분을 질문하게 된다. 담임교사가 작성한 일종의 추천서 형식이기에, 대학교에서는 담임이 어떤 이유와 근거로 그렇게 기록했는지 궁금할 것이다. 학생에 대한 긍정적인 평가나 개인적 특성을 반영한 기록이라면 반드시 답변을 준비해야 하고 그 답변이 객관성을 띠고 있어야 한다. 또 다른 미사여구식 표현이 아니라 오히려 겸손하게 활동의 구체적인 내용을 진솔하게 답변하는 것이 좋다.

08

면접의 평가항목을 알고 준비하자

  면접 고사는 수험생의 답변을 바탕으로 대학별 자체 평가 요소에 의해 점수를 부여하는 입학전형 방법이다. 결국 평가받기 위해 말을 하는 것이라면, 평가항목이 무엇인지 알고 그 항목에서 좋은 평가를 받기 위해 준비해야 한다. 사실상 학종의 평가 요소와 거의 같다. 다만 의사소통 능력과 논리력 등은 말하는 자세와 태도를 중심으로 평가한다. 대학마다 추구하는 인재상과 중시하는 평가 요소가 달라 평가항목과 평가 비율에도 차이가 있다. 세부 내용은 Chapter 3 대학별 전략에서 살펴보도록 하고 여기서는 대학마다 공통으로 적용하고 있는 평가 요소를 중심으로 간략하게 알아보자.

  면접 고사에서 서류 평가와 면접 평가는 '학업역량', '전공적합성', '인성', '발전가능성'을 중심으로 이루어진다. 각각의 평가 요소는 세부 평가 항목으로 구성되어 있다. 학업역량은 대학교 진학 이후 자기 주도적으로 학업을 수행할 수 있는지를 평가한다. 전공적합성은 지원 전공(계열)과 관련된 분야에 관한 관심과 이해 및 노력과 준비 정도를 의미한다. 인성은 공동체의 일원으로서 필요한 바람직한 사고와 행동을 의미한다. 발전가능성은 경험의 다양성, 자기주도성, 리더십, 창의적 문제해결의 경험 등을 바탕으로 현재 상황이나 수준보다 질적으로 더 높은 단계로 향상될 가능성을 의미한다. 그런데 학생부 기재 내용의 대폭적인 축소로 평가 요소에도 변화가 일어나고 있다. 기존의 '학업역량', '전공적합성', '인성', '발전가능성'의 4가지에서 '학업역량', '진로역량', '공동체 역량'의 3가지 평가 요소로 바뀌었다. 그 내용을 정리하면 아래와 같다.

학업역량
대학 교육을 충실히 이수하는 데 필요한 수학 능력을 의미한다.

평가 요소	정의	세부평가내용
학업 성취도	고교 교육과정에서 이수한 교과 성취 수준이나 학업 발전 정도	• 대학 수학에 필요한 기본 교과목의 교과성적은 적절한가? 그 외 교과목의 교과성적은 어느 정도인가? 유난히 소홀한 과목이 있나? • 학기별/학년별 성적의 추이는 어떠한가?
학업태도	학업을 수행하고 학습해 나가려는 의지와 노력	• 성취동기와 목표의식을 가지고 자발적으로 학습하려는 의지가 있나? • 새로운 지식을 획득하기 위해 자기 주도적으로 노력하고 있나? • 교과 수업에 적극적으로 참여해 수업 내용을 이해하려는 태도와 열정이 있나?
탐구력	지적 호기심을 바탕으로 사물과 현상을 탐구하고, 문제를 해결하려는 노력	• 교과와 각종 탐구활동 등을 통해 지식을 확장하려고 노력하고 있나? • 교과와 각종 탐구활동에서 구체적인 성과를 보이고 있나? • 교내활동에서 학문에 대한 열의와 지적 관심이 드러나고 있나?

진로역량

진로와 전공(계열)에 관한 탐색 노력과 준비 정도를 의미한다.

평가 요소	정의	세부평가내용
전공(계열) 관련 교과 이수 노력	자신의 진로와 전공(계열)에 관한 탐색 노력과 준비 정도	• 전공(계열)과 관련된 과목을 적절하게 선택하고, 이수한 과목은 얼마나 되나? • 전공(계열)과 관련된 과목을 이수하기 위하여 추가적인 노력을 하였나? (예: 공동교육과정, 온라인 수업, 소인수 과목 등) • 선택과목은 교과목 학습 단계(위계)에 따라 이수하였나?
전공(계열) 관련 교과 성취도	고교 교육과정에서 전공(계열)에 필요한 과목을 수강하고 취득한 학업성취 수준	• 전공(계열)과 관련된 과목의 석차등급/성취도, 원점수, 평균, 표준편차, 이수단위, 수강자 수, 성취도별 분포 비율 등을 종합적으로 고려한 성취 수준은 적절한가? • 전공(계열)과 관련된 동일 교과 내 일반선택과목 대비 진로선택과목의 성취 수준은 어떠한가?
진로 탐색 활동과 경험	진로를 탐색하는 과정에서 이루어진 활동이나 경험 및 노력 정도	• 자신의 관심 분야나 흥미와 관련한 다양한 활동에 참여하여 노력한 경험이 있나? • 교과 활동이나 창의적 체험활동에서 전공(계열)에 대한 관심을 가지고 탐색한 경험이 있나?

공동체 역량

공동체의 일원으로서 갖춰야 할 바람직한 사고와 행동을 의미한다.

평가 요소	정의	세부평가내용
협업과 소통능력	공동체의 목표를 달성하기 위해 협력하며, 구성원들과 합리적인 의사소통을 할 수 있는 능력	• 단체 활동 과정에서 서로 돕고 함께 행동하는 모습이 보이나? • 구성원들과 협력을 통하여 공동의 과제를 수행하고 완성한 경험이 있나? • 타인의 의견에 공감하고 수용하는 태도를 보이며, 자신의 정보와 생각을 잘 전달하나?
나눔과 배려	상대를 존중하고 이해하여 원만한 관계를 형성하며, 타인을 위해 나누려는 태도와 행동	• 학교생활 속에서 나눔을 실천하고 생활화한 경험이 있나? • 타인을 위하여 양보하거나 배려한 구체적 경험이 있나? • 상대를 이해하고 존중하는 노력을 기울이고 있나?
성실성과 규칙준수	책임감을 바탕으로 의무를 다하고, 공동체의 윤리와 원칙을 준수하는 태도	• 교내활동에서 자신이 맡은 역할에 최선을 다하려고 노력한 경험이 있나? • 자신이 속한 공동체가 정한 규칙과 규정을 준수하고 있나?
리더십	공동체의 목표 달성을 위해 구성원들의 상호작용을 이끌어내는 능력	• 공동체의 목표를 달성하기 위해 계획하고 실행을 주도한 경험이 있나? • 구성원들의 인정과 신뢰를 바탕으로 참여를 이끌어내고 조율한 경험이 있나?

09

면접관을 사로잡는 답변 전략을 세우자

전략은 단순해야 하고 필수적인 사항을 선별해서 구성해야 한다. 좋은 답변을 하기 위한 과다한 요령과 비법 등은 면접이라는 실제 상황에서 사용하지 못하고 오히려 말문을 막히게 하는 역효과를 낳을 수 있다. 면접장에서 여러분이 꼭 기억했으면 하는 사항만을 아래와 같이 정리하였다.

자신 있게 말하려면 면접 준비를 철저히 해야 한다

자신감은 철저한 준비에서 나온다. 서류 기반 면접의 경우 대학교에 제출한 자신의 서류를 정확하게 이해하고 면접 예상 문제를 뽑아 실전과 같은 연습을 한다면 다른 전략은 굳이 필요하지 않다. 학생부의 내용을 면밀하게 분석하여 3년간의 학교생활을 통한 교과 활동과 비교과 활동을 꼼꼼히 살펴야 한다. 또한 학과 지원 동기, 대학 입학 후 교육과정에 따른 학업 계획과 졸업 후 진로 계획, 전공과 관련한 사회 현안에 대한 입장과 근거

등 예상 질문에 대한 철저한 준비가 필요하다. 제시문 기반 면접이라면 대학교에서 공지한 전년도 문항을 통해 출제 유형을 분석하고 제시문을 독해할 수 있는 능력을 갖춰야 한다. 면접 고사는 대학에 따라 전형유형과 평가 방법이 다르므로, 지원 대학의 홈페이지에 공개된 기출문제를 활용해서 출제경향을 파악하고 대비해야 한다.

질문의 의도를 정확하게 파악하고 잠시 생각한 후 답변한다

면접의 출발은 문제가 무엇인지를 정확하게 이해하는 것이다. 면접은 단순해 보이는 질문 속에도 평가 요소가 숨어 있다. 면접관이 질문하는 의도를 파악하고 대답의 방향을 정한 후 답변해야 한다. 서류 기반 면접의 질문은 대부분 예상할 수 있고 답변도 차분하게 할 수 있지만, 제시문 면접이나 인·적성 문제 등은 면접관이 질문하는 의도를 파악하고 답변하는 것이 우선이다. 제시문 면접의 형태에서 설명형 문제는 아는 데까지 최선을 다해서 대답한다. 이때도 많이 아는 것이 문제가 아니라 잘 대답하는 것이 중요하다. 아는 것을 차근차근 조리 있게 설명한다. 주장이나 의견을 묻는 문제라면 근거가 충분해야 설득력이 생긴다.

설명형 문제는 문제의 핵심인 정의나 개념 설명 등을 먼저 단답형으로 짧게 대답한다. 이어서 구체적인 예를 들거나 부연 설명을 통해 내용을 상세화한다. 의견 주장형 문제는 자기의 의견을 먼저 정확하게 밝힌다. 원칙적으로 어떤 주장인가는 평가의 대상이 아니다. 주장은 힘 있는 논거가 바탕이 되어야 한다. 양비론이나 절충형의 대답은 주의해야 한다. 그리고 면접관이 나의 논리를 반박하고 문제점을 지적하더라도 당황하지 말고 차근차근 상대방 논리의 문제점을 공격하거나, 자기주장의 일관성을 유지하려 노력해야 한다.

두괄식으로 결론을 먼저 말하는 것이 좋다

제한된 시간 안에 모든 문항을 답변해야 하므로 면접관의 질문 의도를 파악한 후 결론을 먼저 말하고 그렇게 말한 근거를 논리적으로 설명하는 것이 좋다. 한 가지 질문에 너무 길게 답변하면 다른 질문에 답할 기회를 놓치게 되고 그 문제에 대한 점수를 획득하지 못할 수 있다. 결론을 먼저 말한 다음, 이를 뒷받침하는 주장이나 다른 사례를 근거로 제시하면 논리적 답변으로 좋은 점수를 얻을 수 있다. 면접 연습 때부터 두괄식으로 자신의 주장과 생각을 먼저 말하고 이를 뒷받침할 수 있는 근거를 제시하는 습관을 들이는 것이 좋다.

구체적인 답변으로 신뢰성을 높인다

일반적이고 추상적인 질문이 나왔다면 답변을 구체적으로 해야 한다. 면접은 수험생 자신의 이야기를 하는 것이므로 직접 경험한 사례를 구체적으로 답변하는 것이 좋다. 자기소개, 지원 동기, 학업 계획, 진로 계획 등 면접자에게 공통적으로 적용되는 문제일수록 자신의 이야기를 구체적인 활동이나 사례로 설명해야 좋은 점수를 받게 된다. 여러 가지 활동을 나열하는 형태라면 그중에서 가장 중요한 것을 먼저 말하고 사례 간의 유기적인 연결도 고려해야 한다.

시종일관 자신감 있는 태도로 최선을 다한다

면접에서 제일 중요한 것은 자신감 있는 태도이다. 면접에서는 자기가 아는 것을 아는 만큼 대답하는 것이 최선이다. 모르는 질문이 나오면 할 수 없지만 아는 것이라도 최선을 다해 대답할 수 있어야 한다. 하지만 많은 수험생이 면접관 앞에서 위축되어 자기가 아는 것도 제대로 대답하지 못하는 경우가 많다. 면접 평가자가 학과 교수이면 더욱 긴장하게 되고, 합격의 승패가 걸린 면접일수록 오히려 실력을 발휘하지 못하는 경향이 있다. 자신감 있게 도전하는 자세로 면접에 최선을 다하자. 자신감이 승패의 관건이다.

10

대입 면접 과정 살펴보기

대입 수시 면접에서 면접 대상자로 확정되면 일단 기쁜 일이다. 일괄합산이나 2단계 전형으로 면접이 남아있지만, 면접의 과정을 착실하게 잘 준비하면 합격의 가능성이 높기 때문이다. 면접 준비부터 면접을 마치는 순간까지 진행되는 과정을 간단하게 살펴보자.

면접 준비

- 면접 대상자로 확정되면 대학교 입학처 홈페이지에서 면접 안내 사항을 확인한다. 시간, 장소, 준비물, 주의사항을 확인하는 것은 기본이고 면접 안내 영상이나 면접 가이드북 등을 참고하여 면접 준비에 돌입한다.
- 면접에 필요한 사항을 준비한다. 면접일에 입고 갈 복장을 정한다. 교복이 아닌 사복으로 단정한 차림이면 된다. 생년월일이 나와 있는 학

생증, 청소년증, 여권, 신분증, 수험표 등을 미리 준비해 둔다.

면접 과정

- 면접일에 대학교에서 안내한 집합 장소 대기실에 입실한다. 당일 교통 상황을 생각하고 미리 도착해야 마음에 여유가 생긴다. 대기실에 입실하면 블라인드 면접에 의해 수험번호가 아닌 '가번호'를 임시로 부여하고 면접 유의 사항에 대한 안내를 받는다. 그리고 신원확인을 한 후, 휴대전화와 소지품을 제출한다.

- 면접장에 입실한다. 보통 2~3인의 면접위원이 정면에 앉아 있고, 측면에는 시간을 보여주는 보조요원이 앉아서 면접 시작과 동시에 디지털시계를 작동하여 면접실에 있는 사람들이 시간을 볼 수 있도록 돕는다. 출입문을 열고 들어가서 가볍게 인사하고 자리로 이동하여 착석한다. 대학에서 정한 시간에 맞춰 면접이 진행된다. 면접을 도와주는 요원이 전자 스톱워치를 작동한다. 면접 시간이 10분이면 10분부터 카운트다운 방식으로 남은 시간이 모니터에 보이고 0이 되면 면접이 종료됨을 알 수 있다.

- 면접이 모두 종료되면 인사하고 퇴실하면 된다. 면접 시간이 끝났다고 긴장이 풀리면 안 된다. 차분하게 자리에서 일어나 간단하게 인사하고 출입문을 향해 천천히 걸어간다. 조용히 문을 열고 면접실을 나와야 면접이 종료된 것이다. 면접을 모두 마치면 안내 요원의 도움으로 처음 모인 면접 대기실로 이동하여 소지품을 챙긴 후 안전하게 귀가하면 된다.

11

대입 면접장 미리 엿보기

면접 점수에 의해 대입 당락이 결정된다면 면접 고사에 임하는 수험생은 긴장할 수밖에 없다. 긴장을 덜 하고 실력 발휘를 하려면 면접장이 낯설지 않아야 한다. 면접장이 익숙하다면 자연스럽게 말을 하는 데 도움이 될 것이다. 면접장을 미리 방문할 수 없기에 잠을 자기 전이나 휴식 시간에 면접장을 떠올리며 자신감 있게 답변하는 자신의 모습을 상상해 보는 것도 좋다. 대학마다 면접장이 다를 것이나, 일반적인 면접 상황이라고 가정하면 대부분 아래와 같이 면접이 진행될 것이다.

대학교에 미리 도착하기

대학에서 안내한 시간 안에 면접실에 들어가기 위해서는 대학교에 미리 도착하는 것이 좋다. 가능한 한 대중교통을 이용하고, 자가용을 이용하는 경우 일찍 도착해서 차를 마시거나 간단한 식사를 하는 등 시간을 여유 있게 보낼 수 있도록 한다.

면접 대기실 찾아가기

대학교 정문에 들어서면 면접장(대기실) 안내 표지판이 곳곳에 설치되어 있다. 그리고 대학교 재학생들이 일일 아르바이트 형식으로 면접 도우미 역할을 수행하고 있다. 면접장을 찾기 어렵다면 안내 도우미에게 면접 대기실을 묻고 도움을 받는 게 좋다.

면접 대기실 입실하기

사전에 공지된 면접 대기실 앞에 도착하면 또 다른 면접 도우미가 있을 것이다. 수험생임을 확인하기 위해 신분증과 수험표 등을 확인한 후 면접 대기실로 입실한다. 이때 수험표에 있는 수험번호가 아니라, 면접에서 1회 용으로 사용할 새로운 임시 번호(가번호)를 알려 주고 놀이공원에서 사용하는 것과 유사한 손목띠를 채워주기도 한다. 면접 대기실에 들어서면 넓은 장소에 수험생이 앉을 자리마다 모두 번호가 붙어있다. 수험번호 또는 가번호에 맞게 자리를 찾아가서 앉으면 된다. 수험생 출결을 확인하고 시간이 되면 면접 진행요원이 면접 주의사항을 안내한다. 주의사항 전달이 끝나면 개인 사물을 수거한다. 임시 보관 바구니나 밀폐용 봉지 등에 전자기기를 비롯하여 면접장에서 사용할 수 없는 비품을 수거한다.

면접실로 이동하기

대형 면접 대기실에서 학과마다 다르게 소형 면접 대기실로 이동하기도 한다. 보통 면접 대기실에서 면접 진행요원의 안내에 따라 면접장 근처 지정 장소까지 이동한다. 안내 요원이 동행하니 편안하게 따라가기만 하면 된다. 순번이 되면 면접실 앞에서 대기한다. 앞 번호 학생이 면접할 때 면접장 복도 의자에 앉아 대기한다. 이때까지는 따뜻한 옷을 입고 있다가 면접장에 들어갈 때 옷을 벗어놓고 들어가는 것이 좋다.

면접실 입장하기

면접실에서 면접을 마친 학생이 나오고 나면, 잠시 후 면접실 안에서 "들어오세요"라고 말하거나 옆에 있던 안내 요원이 입실하라고 안내한다. 면접실 문을 가볍게 노크하고 들어간다. 면접장에 들어가면 정면에 면접위원 2~3명이 앉아 있다. 책상 위에는 노트북이 놓여있다. 면접위원은 면접을 진행하면서 평가 요소에 따라 점수를 부여한다. 옆쪽에는 시간 계측 요원이 앉아 있고 소형 전자 모니터에 면접 시간이 세팅되어 있다. 면접이 진행되면 시간이 흐르는 것을 쉽게 확인할 수 있다. 면접실에 들어가서 천천히 면접위원과 주변을 확인한 후 미소를 지으며 가볍게 인사하고 면접 의자 쪽으로 이동한다. 이때 천천히 이동하고 자리에 앉을 때도 여유가 있어야 한다. 처음부터 마음이 분주하면 안 된다.

면접 질문에 답변하기

자리에 앉고 나면 면접위원이 면접을 시작해도 좋은지 묻는다. 이어 면접 시작을 알리면, 시간이 다운 방식으로 흐르기 시작한다. 수험생은 면접위원의 질문에 시선을 맞추고 답변한다. 답변이 끝나면 다음 면접위원이 또 다른 질문을 한다. 예상한 질문이 나오면 좋지만, 예상하지 못한 질문이 나와도 당황하면 안 된다. 면접위원이 질문한 것에 정답을 말해야 하는 것이 아니라 의사소통을 한다는 느낌으로 답변하면 된다. 어떤 면접위원은 답변에 대해 꼬리에 꼬리를 무는 질문을 하기도 한다. 이때 수험생은 계속해서 질문하는 면접위원과 시선을 맞추고 성실하게 답변한다. 연속해서 하는 질문은 긍정적인 신호라고 생각하고 일관된 입장을 유지하며 자신감 있게 답변을 해나간다. 전자 모니터의 시간이 다 흐르고 나면 면접위원이 종료를 알리고 퇴장해도 좋다고 말한다. 처음과 마찬가지로 미소를 머금고 인사한 후 출입문을 향해 천천히 걸어가서 퇴실하면 된다. 퇴실하는 모습까지도 면접 점수에 영향을 줄 수 있다. 퇴실과 동시에 면접위원들은 노트북에 점수를 입력하고 면접을 마친다.

면접 마무리하고 귀가하기

면접장을 나오고 나면 이제 한숨 돌릴 수 있다. 면접장에서의 일은 잊고 열심히 노력한 자신을 격려해 주면 된다. 면접 진행요원의 안내에 따라 면접 대기실이나 지정 장소로 이동하면, 면접 시작 전에 제출한 개인 소지품이 있다. 본인 소지품을 잘 확인하여 챙긴 후 귀가하면 된다.

12

단계별 면접 질문 예상하기

　면접위원들은 사전에 많은 연수로 면접 유의 사항과 진행 및 평가에 대해 잘 알고 있다. 면접을 진행하고 평가가 끝나도 점검 작업까지 피곤한 일정을 소화해야 한다. 그렇지만 고생하는 수험생과 대학교 이미지 등을 생각하여 친절하게 면접을 진행하니, 수험생은 편안한 마음으로 면접에 임하면 된다. 면접 시간은 이미 정해져 있다. 면접위원이 면접의 시작과 끝을 알려주는데, 보통 면접의 시작 질문, 본 질문, 마무리 질문이 있다. 면접의 본 질문이 가장 중요하지만, 시작과 끝도 나름의 의미가 있으니 면접장에 들어가서 다시 나올 때까지 최선을 다하는 자세가 필요하다.

면접 시작 질문

　수험생의 긴장을 풀어주기 위해 면접위원이 분위기를 환기하는 질문을 한다. 평가에 직접적인 영향을 미치지는 않지만 수험생의 첫인상을 좌우하는 답변이 된다. 예를 들면 "오늘 기분이 어때요?, 춥지는 않은가요?, 우리 학교 방문은 처음인가요?, 학교에 대한 인상은 어때요?, 학교 찾아오는데 힘들지 않았나요?, 식사는 했나요?, 면접 질문 시작해도 될까요?" 등이 있다.

본 질문

보통 면접위원의 책상 위에 놓여있는 노트북에는 수험생에게 출제할 질문이 기록되어 있다. 서류를 검토하면서 활동 기록에 대한 사실 여부를 확인하고 추가로 묻고 싶은 내용을 사전에 입력해 놓은 것이다. 본 질문이지만 역시 처음부터 어려운 질문보다는 가벼운 질문부터 시작한다. 면접위원이 돌아가면서 질문한다. 추가로 확인이 필요한 사항은 수험생의 답변에 재차 꼬리를 무는 질문을 이어간다. 준비한 모든 질문을 했고 수험생이 모두 답변했다면, 자연스럽게 마무리 질문으로 연결된다. 본 질문 중에 학생이 전혀 답변을 못하는 상황이면 대개 면접위원이 힌트를 주어 그 상황을 전환하고 면접이 이어질 수 있도록 유도한다.

마무리 질문

본 질문으로 끝내는 학교도 있으나 보통은 마무리 질문까지 한다. 마무리 질문은 마지막으로 면접관에게 좋은 인상을 주는 효과가 있으므로, 진정성과 절실함을 보여주는 절호의 기회라고 생각하고 사전에 준비해 두는 것이 좋다. 예를 들면, "끝으로 하고 싶은 말이 있나요?, 오늘 면접 어땠나요?, 하고 싶은 이야기를 모두 했나요?, 면접에서 아쉬운 점이 있었다면 말해볼까요?, 우리 학교가 학생을 선발해야 하는 구체적인 이유를 말해볼까요?, 수고 많았어요. 돌아가도 좋습니다." 등이 있다.

13

호감을 주는 외모와 신뢰감을 주는 복장은 따로 있다

사람을 평가하는 것은 쉬운 일이 아니다. '열 길 물속은 알아도 한 길 사람 속은 모른다'는 말이 있다. 면접은 공식적인 자리에서 묻고 답하는 과정을 통해 수험생을 평가하는 것이다. 제한된 시공간에서 깊이 있는 대화가 이루어지기 어려운 만큼 첫인상이 평가에 미치는 영향을 무시할 수는 없다. 외모와 복장은 첫인상을 좌우하기도 하므로 면접 평가에 직간접적으로 반영될 수 있다. 하지만 외모와 복장이 좋은 평가를 받는 요인은 아니다. 오히려 과한 치장으로 인해 나쁜 평가를 받지 않도록 다음과 같은 사항에 주의하도록 한다.

• 화장과 액세서리는 하지 않는 것이 좋다. 귀걸이, 피어싱, 반지 등 확연히 드러나는 액세서리, 머리 염색과 퍼머는 면접 평가자에게 부정적인 선입견을 줄 수 있으니 주의해야 한다.

- 복장은 단정한 사복이 좋다. 블라인드 면접에서 교복이나 신분이 드러나는 표식이 있는 옷을 입어서는 안 된다. 면접을 위해 특별히 옷을 준비하기보다는 평소에 자신과 잘 어울린다고 생각해서, 입으면 마음이 편해지는 무난한 복장이면 된다.
- 색깔이나 디자인이 튀지 않는 복장이 좋다. 예를 들면, 흰색이나 남색 계통의 셔츠나 블라우스에 베이지색 면바지나 청바지를 입어도 무난할 것이다. 온화하고 단정한 느낌이 드는 복장이면 된다.
- 따뜻한 외투를 준비하는 것이 좋다. 추워지는 날씨와 면접이라는 긴장된 상황을 고려하여 보온에 신경을 써야 한다. 면접 대기장까지 가볍고 따뜻한 외투를 입고 있다가 면접실에 들어갈 때 벗어놓고 입장하면 된다.
- 모자, 반바지, 두꺼운 외투, 짧은 치마 등은 면접 복장으로 적절하지 않다. 신발은 단화를 신거나 흰색 계통의 깨끗한 운동화를 신는 것이 좋다.

14

면접의 주의사항 4가지

면접 대상자는 이미 1단계 또는 일정 과정에서 합격한 학생이다. 그런데 사소한 부주의로 면접 기회를 날려버리는 것은 안타까운 일이다. 심리적으로 걱정하거나 불안해하기보다는 '잘 될 거야', '할 수 있어'와 같은 긍정적인 마음을 갖는 것이 중요하다. 그렇지만 최소한으로 면접에서 '부적격(F)' 판정을 받는 일이 생기지 않도록 아래 사항을 지켜야 한다.

면접 공지 사항 확인하기

면접 대상자를 위해 대학교 입학처 홈페이지에 면접 관련 공지사항을 안내한다. 또한 입학원서에 기재한 전화번호로 대학에서 개인에게 문자 연락을 한다. 면접 공지사항을 보지 못한다면 전적으로 개인의 책임이다. 면접 안내 사항을 꼼꼼하게 잘 읽고 준비사항이 있다면 미리 점검하고 대비하는 것이 좋다. 시간에 쫓기다 보면 실수할 가능성이 있다. 면접 안내

사항을 숙지하고 필요한 것을 미리 준비해야 마음에 여유가 생긴다.

입실 시간 지키기

대학교 입학처에서 공지한 시간까지 지정 장소에 입실하지 못하면 원칙상 면접의 기회가 없다. 공정한 면접을 진행하기 위해 시간 준수는 면접자 모두에게 동일하게 적용된다. 면접일 대학 근처는 교통이 혼잡하여 생각보다 많은 사람이 같은 시간대에 몰려든다. 그러므로 예상 시간보다 여유 있게 준비하고 출발해야 한다. 입실 완료 시간 이후에는 면접장에 들어갈 수 없다는 것을 유념하고 시간 내에 면접장에 도착할 수 있도록 한다.

면접 준비물 챙기기

면접 집합 장소에 가면 대학에서 신분 확인을 위해 신분증과 수험표를 확인한다. 신분증은 대학에서 요구하는 것이 있다. 일반적으로 신분증에 생년월일이 나타난 것을 요구한다. 고등학교 학생증에 출생 정보가 없다면 여권이나 주민등록등본 등 다른 서류를 준비해야 한다. 수험표는 수시 원서 접수 사이트에서 출력이 가능하니 미리 준비해 두는 것이 좋다. 신분증과 수험표를 소지하지 않았거나 분실하면 면접 고사 본부에서 소정의 절차를 밟아 신원을 확인하고 면접의 기회를 준다. 하지만 수험생 확인이 여의치 않아 시간 내에 면접장에 입실하지 못할 수도 있고 당황한 마음에 실력 발휘가 어려울 수도 있다. 그러므로 면접에 필요한 신분증과 수험표를 잊지 말고 잘 챙기도록 한다.

개인 신상 드러내지 않기

교복이나 개인 신상이 드러나는 옷을 입으면 안 된다. 만약 교복을 입었다면 면접실에 들어서기 전에 학교에서 준비한 앞가림 조끼 등을 착용하는데, 면접 평가자에게 부정적인 선입견을 줄 수도 있다. 면접실에 들어가기 전에 임시 번호를 부여한다. 예를 들어 임시 번호가 33번이면, 입실하여 자기소개를 할 때 "33번입니다"는 가능하다. 그렇지만 고등학교, 학번, 이름 등을 말하면 부적격 판정을 받을 수 있다. 블라인드 면접이기에 수험생의 이름, 수험번호, 고교명, 부모의 사회적·경제적 지위 등을 언급하지 말아야 한다. 실격 처리도 가능한 항목이니 주의하도록 한다.

면접의 기본자세부터 갖추자

　면접은 인터뷰(interview)라 하여 면접자 상호 간(inter) 서로 보고(view) 대화를 나누는 것을 의미한다. 면접은 면접 평가자와 수험생의 상호작용이지만 기본적으로는 수험생의 답변을 평가하는 것이다. 대학은 면접에 대해 자세하게 안내하고 있으나 수험생은 대학 합격을 결정 짓는 중요한 시험이기에 평소처럼 자연스럽게 말하지 못할 수 있다. 예상한 문제가 나올 수도 있지만, 면접 상황에서 너무 긴장하여 실력 발휘를 못할 수도 있다. 수험생은 면접에서 답변할 내용을 잘 준비해야 하는 동시에 면접에서 기본이 되는 자세를 체화하려는 노력도 해야 한다. 면접에서 기본이 되는 자세를 마음가짐, 언어, 비언어적 요소로 구분하여 정리하면 다음과 같다.

면접의 기본자세는 마음에서 시작된다

수험생이 면접에서 여유를 갖기란 어려운 일이다. 그러나 면접에서 좋은 평가를 받으려면 자신감 있고 당당한 태도를 보여야 한다. 일단 면접 대상자가 됐으니 충분히 합격할 자격이 있고, 최소한 면접장에 들어서기까지 노력한 자신에게 박수를 보내도 좋다. 면접 고사라고 심리적으로 위축될 필요는 없다. 지나치게 걱정하거나 불안해하지 말고 자기의 생각을 아는 대로 최선을 다해서 대답한다는 마음으로 여유를 갖자. 정답이 없는 시험이다. 자신의 이야기를 자연스럽게 하면 되는 것이다. 면접 평가자가 자신에 대해 모든 것을 알고 있지 않다. 예상하지 못한 질문을 받는다면 당황하지 말고, 심호흡한 뒤 여유를 갖고 다시 질문에 집중하면 된다. 질문 자체가 이해되지 않는다면, 면접관에게 다시 한번 설명해줄 것을 정중하게 요청하도록 한다.

면접에서 중요한 것은 진정성과 절실함이다. 절실함보다 중요한 것은 없다. '능력 있는 자는 노력하는 자를 이기지 못하고 노력하는 자는 즐기는 자를 이기지 못한다'는 말이 있다. 그런데 즐기는 자를 이기는 것은 절실한 자라고 생각한다. 꼭 합격하고 싶다는 절실함이 진정성으로 드러나면 대답에 힘이 실리고 면접관에게 좋은 인상을 줄 수 있을 것이다.

면접은 언어를 통해 평가하는 것이다

면접에서는 평소보다 좀 더 크게 말한다는 생각으로 답변하는 것이 좋다. 작은 소리는 자신감이 없어 보이고 전달력이 떨어진다. 수험생도 모르게 긴장할 수 있으므로 연습할 때부터 성량을 좀 더 크게 할 필요가 있다. 말할 때 말끝을 흐리거나 어물쩍 넘어가는 것은 좋지 않다. 또한 확신이 들지 않는 '~ 같아요'와 같은 표현이나 '음~, 에~'와 같이 쓸데없는 감탄

사를 쓰지 않는 것이 좋다. 시작한 말은 어미를 명확하게 끝맺어야 한다. 말이 길어지면 중언부언하게 되고 본질에서 벗어나는 말을 할 수도 있으니 가능하면 간결하고 명확하게 답변하는 것이 좋다. 한 가지 사안을 길게 말하면 다른 말을 할 수 있는 시간적 여유가 없어지고 시간 안배를 못하여 당황하는 일이 생길 수 있으니 너무 길게 말하지 않도록 주의한다.

비언어적 표현은 면접의 태도 점수를 좌우한다

짧은 면접 시간을 고려하면 비언어적 표현의 영향력은 매우 크다. 수험생의 비언어적 표현은 첫인상과 면접 태도 점수를 좌우한다. 안정적 자세, 시선 처리, 습관적인 몸동작 등을 주의해야 한다. 면접장에 들어서며 면접관 모두를 향해 미소를 지으며 인사한다. 임시 번호를 말하거나 간단한 인사말을 하고 두 손을 공손하게 모아 단전 위에 놓고 고개 숙여 인사한다. 지정된 자리로 천천히 이동하여 자리에 앉는다. 허리를 곧게 세우고 어깨를 펴며 엉덩이를 의자 끝에 붙인다. 발끝을 붙이고 무릎을 모은 후 손을 허벅지 위에 가볍게 올려놓는다. 안정된 자세를 해야 다리를 떨거나 손을 만지작거리는 등 불안한 심리를 드러내는 동작을 사전에 막을 수 있다. 면접관과 시선을 맞추면 자신감이 있어 보인다. 시선을 분산하지 말고 질문하는 면접관의 눈 아래 콧등부터 인중까지 적당한 지점을 응시하면 된다. 면접이 끝났다고 바로 일어서거나 바쁜 동작으로 면접장을 빠져나오려 하지 말고, 입장 때보다 더 시간적 여유를 두고 천천히 퇴장하는 것이 좋다.

16

모의 면접 이렇게 연습하자

    면접에서 합격하기를 원한다면 반드시 모의 연습을 해야 한다. 수능을 보기 전에도 많은 모의고사를 보듯이, 면접에서 실력을 발휘하려면 충분한 연습이 필요하다. 실전보다 더 좋은 연습이 없기에 실제 면접이 이루어지는 상황을 설정하고 모의 연습을 해야 효과가 크다. 연습을 많이 할수록 실수할 가능성이 작아지고 합격 가능성이 그만큼 커진다.

    면접 유형은 대학에서 정하지만 누구와 면접을 연습하는가는 결국 수험생의 선택에 달려 있다. 혼자 연습하기, 친구나 가족 등 지인과 연습하기, 학교에서 선생님과 연습하기, 대학 면접 프로그램에 참여하기, 사교육 기관에서 강사 선생님과 연습하기 등 연습 형태는 다양하다. 누구와 연습하더라도, 궁극적으로는 다른 사람의 도움을 받아 수험생 개인이 연습하는 것임을 명심해야 한다.

혼자 연습하기

면접 준비가 되었다면 휴대전화로 면접 영상을 찍어본다. 누군가 면접관의 역할을 해주면 좋지만, 혼자서 연습한다면 예상 질문에 답변하는 자기 모습을 실제로 촬영해본다. 예상 질문 뽑기, 답변하기, 거울 앞에서 말해보기 등 미리 연습한 후, 면접장과 유사한 형태에서 준비한 답변을 영상으로 찍는 것이다. 촬영이 모두 끝나고 면접 영상에 찍힌 자기 모습을 보면 모든 것이 어색할 수 있다. 답변 태도, 목소리, 말투, 행동 등 마음에 들지 않는 부분을 적어 놓고 점차 개선해 나가도록 한다. 혼자 연습한 것으로 끝마치기 보다는 객관적으로 자신을 평가해 줄 수 있는 타인에게 영상을 보여주고 피드백을 받는 게 좋다. 혼자 연습은 기본이고 타인과의 연습을 통해 실전 감각을 높이도록 한다.

아는 사람과 연습하기

가족이나 친구 등 여건이 되는 사람과 면접을 연습하는 것이다. 가족은 여러 가지로 어려움이 있다. 냉정하게 평가하기가 어렵고 감정이 상하는 일도 생길 수 있기에 가능하면 친구들과 연습하는 것이 좋다. 같은 대학을 지원했거나 유사한 계열에 지원한 친구와 연습한다면 더욱 좋다. 방과 후에 교실이나 특별실을 면접장과 유사하게 만들어 놓고 질문하고 답변하는 영상을 찍은 후 상호 평가하면서 부족한 점을 보완해 가는 것이다. 스터디 그룹처럼 소수의 친구와 공동으로 모의 면접을 하면서 면접관과 수험생의 역할을 하다 보면 자신을 객관적으로 바라보고 부족한 점을 개선하는 데 많은 도움이 된다. 친구와 피드백을 주고받으면서 면접에 대한 실전 감각을 익힐 수 있다.

학교에서 선생님과 연습하기

학교 선생님이나 인근 학교와의 연합 프로그램에 참여하는 형태의 면접 연습이다. 모의 면접에 참여하는 선생님은 수험생의 서류를 미리 분석해서 면접 질문을 뽑고 예고 없이 질문을 하기에 면접의 효과가 매우 크다. 또한 면접을 마친 후 전문가적 소견으로 수험생을 평가해 주기에 기회가 된다면 반드시 참여할 것을 권한다. 요즘은 학교 선생님만이 아니라 권역별 고교가 연합해서 면접 프로그램을 진행하고 있다. 출신 고교와 주변 학교 연합, 교육청에서 실시하는 프로그램 등 다양한 형태의 프로그램이 있으니 가능한 범위에서 여러 번 프로그램에 참여한다면 면접의 두려움이 줄어들 것이다.

대학이나 사교육 기관에서 연습하기

자신이 지원한 대학에서 면접을 미리 경험한다면 가장 좋을 것이다. 그러나 대부분의 학생은 대학교와 학과를 미리 결정하지 않기에 대학교에서 실시하는 면접에 미리 참여해 볼 기회를 갖지 못할 수 있다. 3학년 초나 여름방학에 대학에서 실시하는 면접 프로그램이 있다면 적극적으로 참여해야 한다. 원서를 내고 나면 실질적으로 대학을 방문하여 면접을 경험하는 것이 불가능하다.

사교육 기관이나 전문 컨설턴트와 면접을 연습하는 것도 효과가 있다. 그러나 다양한 기관이 있기에 선택하느라 시간 낭비를 할 수도 있고 사교육 기관에 무조건적으로 의존하면 오히려 역효과가 날 수도 있다. 제시문 기반 면접은 전문가의 식견과 지도가 필요할 수 있지만, 서류 기반 면접은 자기 주도적으로 연습할 것을 권한다. 만약 사교육 기관에서 모의 연습을 했다면 피드백을 자신의 것으로 체화하기 위한 시간과 노력이 필요하다.

블라인드 면접 주의사항 알고 가기

　블라인드(blind) 면접이란 면접자의 정보를 모두 가린 상태에서 이루어지는 면접이라는 뜻이다. 면접자의 이름, 출신 학교, 부모의 사회·경제적 지위 등 개인 신상을 드러내지 않고 공정하게 면접을 진행한다는 의미이다.

　학생부종합전형에서 학생부와 면접에서 개인 신상 정보를 모두 보이지 않게 처리하여 학생을 선발한다. 이는 지원자들을 선입견 없이 공정하게 대하고 객관적으로 평가하기 위해서이다. 수험생은 개인 신상을 말하지 말아야 하고 대학 면접 평가자 역시 수험생의 개인 신상 정보를 모르고 평가에 임해야 한다.

　학생 입장에서 블라인드 면접에 대해 별도로 대비할 것은 없다. 면접 대상자가 됐을 때 대학교에서 블라인드 면접과 관련한 사항을 구체적으로 안내하고 있으니, 그대로 따라 하기만 하면 된다. 면접장에서도 블라인드 면접과 관련한 주의사항을 다시 안내하니 지나치게 긴장할 필요도 없고 평소 연습한 대로 면접에 임하면 된다.

대학에서 안내하는 블라인드 면접의 주의사항은 아래와 같다.

- 거의 모든 대학이 면접자의 학교나 이름이 공개되면 안 되기에 교복을 착용하지 말라고 안내한다. 만약 교복을 입어도 된다면 면접장에서 조끼를 입어 학생의 개인 신상이 드러나지 않게 한다.
- 면접을 시작할 때 개인 이름과 학교를 말하지 않는다. 면접장에서 가번호(임시 번호)를 부여하므로 자신이 가번호 36번을 받았다면 "가번호 36번입니다." 이렇게 소개만 하면 된다. 학교와 이름을 결코 말해서는 안 된다.
- 면접 중에도 개인 신상과 부모 신상(직업, 직장, 직위 등)을 말하지 않도록 주의한다.

비대면 면접 방법, 알면 쉽다

비대면(非對面) 면접은 수험생과 면접 평가자가 직접 마주하지 않고 면접을 진행하는 것을 말한다. 코로나19 상황에서 사전에 공지된 면접을 진행하느라 생긴 면접의 형태이나 이 같은 형식의 면접이 당분간 유지될 가능성도 있다.

비대면 면접은 크게 영상 업로드 방식, (대학교) 현장 녹화 방식, 실시간 화상 면접 방식으로 구분된다. 3가지 방식 모두 블라인드 면접이기에 개인 신상 정보를 결코 말해서는 안 된다는 공통점이 있다. 각 비대면 면접 방식의 특징과 주의점을 살펴보면 다음과 같다.

영상 업로드 방식

영상 업로드 방식은 면접으로서 의미가 별로 없다. 대학에서 제시한 그대로 영상을 찍어서 업로드하면 면접 점수는 만점이다. 패스(Pass)·패일

(Fail) 방식으로 만점이나 0점이다. 다음과 같이 대학에서 제시한 조건만 충족하면 된다.

○○ 대 영상 면접 업로드 안내
• 우리 학과에 지원한 동기와 입학 후 학업 계획과 진로 계획을 구체적으로 말해보세요.
(1분 이내 / 파일 형식 mp4 또는 mov / 150Mb 이하)
* 제출기한(10월 15일 20시까지)을 넘기면 불합격 처리됩니다.

위와 같은 경우 아래의 사항에 유의하도록 한다.

① 1분 이내 영상, 파일 형식과 용량 지키기(기준에 맞지 않으면 업로드가 안 됨)

② 제출기한을 넘기지 않도록 미리 영상을 찍고 업로드하기. 파일을 올리고 다시 파일을 올리면 마지막에 올린 파일이 제출된다. 제출기한만 잘 지키면 되니 미리 영상을 찍는다면 별다른 어려움이 없는 면접이다.

③ 지원 동기, 학업 계획, 진로 계획을 원고로 작성하여 편안한 장소에서 휴대전화로 영상을 찍어보며 연습한다. 친구나 가족의 도움을 받아 영상을 찍고 수정해도 된다.

④ 지원자 본인의 영상이어야 하고 블라인드 면접이기에 개인 신상이 드러나면 안 된다. 영상을 찍고 올리는 과정에서 궁금한 점이 있다면 친구와 선생님에게 물어보고 해결할 수 있도록 한다. 해결되지 않는 문제는 대학교 입학처에 문의하면 된다.

현장 녹화 방식

현장 녹화 방식이란 대학교에서 안내한 면접일, 면접 장소에서 대학의 안내에 따라 진행되는 면접이다. 말이 현장 녹화 방식일 뿐 대학별 고사로 치러지는 면접이라고 생각하면 된다.

면접 평가자가 눈앞에서 질문하고 수험생이 답변하는 것이 아니기에 어떻게 보면 대면 면접보다 편하다고 생각할 수 있다. 현장 녹화 면접의 진행은 다음과 같다.

① 면접 대기실 집결(대학교에서 면접 주의사항 안내)
② 면접 고사실로 이동(영상을 찍는 장소로 이동)
③ 면접 질문지 보고 답변하기(대학교에서 자체 영상 녹화)
④ 면접장 퇴실
⑤ 면접 대기실 이동(개인 소지품 찾아서 귀가)

수험생은 현장 녹화 면접이라고 해서 어렵게 느끼거나 신경 쓸 것이 없다. 대면 면접의 일반적인 사항을 이해하고 대학교 안내에 따라 면접에 임하면 된다. 대면 면접이 아니기에 사전에 집이나 학교에서 면접 질문지를 보고 영상 녹화를 해보는 정도로 준비하면 충분하다.

실시간 화상 면접 방식

실시간 화상 면접 방식과 현장 녹화 방식은 거의 같은 형태의 면접이다. 생방송과 녹화 방송의 차이 정도이다. 촬영하고 평가하는 대학은 차이가 있지만 면접에 임하는 수험생은 고민할 필요가 없다.

실시간 화상 면접도 현장 녹화 방식과 같은 형식으로 면접이 진행된다.

대학에서 안내한 날짜와 장소에 맞게 면접장으로 모이고, 대학의 안내에 따라 제반 주의사항을 숙지한 후, 면접이 이루어지는 고사실로 이동하여, 면접을 마치고 귀가하는 방식이다. 실시간 화상 면접도 일반적인 면접 형식과 크게 다르지 않으므로 대학의 평가 요소를 고려하여 면접에 성실하게 임하면 된다.

Chapter 3

대학별 맞춤 전략으로 합격하자!

면접 대박

대학별 면접의 평가와 형식 그리고 평가 내용과 대비 전략을 아래에 제시한다. 같은 대학 면접이라고 해도 수험생에 따라 세부 전형에 차이가 있을 수 있으므로 대학교 홈페이지에서 정확한 내용을 확인해야 한다. 여기에서 제공한 대학별 자료는 다음과 같은 점을 고려했다.

- 면접 일반전형을 기준으로 정리했다. 특정 학과는 전형 방법이 다를 수 있음을 알고 자신에게 맞는 정보를 취사선택하여 면접을 준비하도록 한다.
- 다음에 소개하는 모든 대학은 블라인드 면접방식이다. 면접의 공통 사항이라 언급하지 않았지만, 면접 진행 중에 수험생의 이름을 포함하여 수험번호, 학교, 학번 등 개인 인적 사항을 말해서는 안 된다. 또한 부모(친인척 포함)의 실명을 포함하여 사회적·경제적 지위(직종, 직업, 직장, 직위 등)을 암시하는 말을 해서는 안 된다.
- 면접이 복잡하고 별도의 많은 자료가 필요한 특수대학이나 면접의 변별력이 거의 없는 대학 전형은 생략하고 수도권과 거점대학 중심으로 자료를 제공했다.

가천대학교 가천바람개비 전형

1. 전형 방법 : 1단계 서류 평가로 4배수 선발 / 2단계 면접 평가 50% 반영

1) 1단계 서류 평가(학교생활기록부 및 자기소개서의 종합적 정성평가)

인성 30%	공동체에 기여하고자 하는 협동, 배려, 갈등 관리 등의 생활 전반에 걸친 지원자의 품성
전공적합성 30%	지원 학과와 관련된 과목을 수강하고 성취한 수준을 비교하여 잠재 능력을 평가
발전가능성 20%	자기주도성의 원리에 기반을 두고 목표 의식을 수립, 열정적인 활동성과 실천력을 살펴봄
학업역량 20%	석차등급, 표준편차, 평균 등의 학업성취도와 세부과목들의 교과 활동 사항을 평가지표로 활용

2) 2단계 면접 평가

인성 30%	공동체에 기여하고자 하는 협동, 배려, 갈등 관리 등의 생활 전반에 걸친 지원자의 품성
전공적합성 30%	지원 학과와 관련된 과목을 수강하고 성취한 수준을 비교하여 잠재 능력을 평가
발전가능성 20%	자기주도성의 원리에 기반을 두고 목표 의식을 수립, 열정적인 활동성과 실천력을 살펴봄
의사소통역량 20%	태도, 진실성

2. 면접 평가 형식

제출서류 기반 개별면접, 10분, 평가자 2인

3. 면접 평가 내용

제출서류에 대해 검증하고 답변 내용을 평가 기준에 따라 종합적 정성 평가

4. 면접 대비 전략

- 타 대학에 비해 서류와 면접 평가에서 인성을 중시한다. 인성은 학교 생활을 충실하게 하면서 정직, 성실, 책임감, 배려, 협동할 수 있는지 를 묻는다. 학생부에 나타난 공동의 과업 수행과 자신의 역할을 잘 정 리하면 된다. 인성은 면접 태도와 자세, 의사소통 능력 등도 평가에 반영이 되므로 진성성 있는 자세가 필요하다.
- 전공적합성을 강조하고 있다. 지원 학과에 대한 관심과 열정을 보인 경험과 학과 지원 동기, 학업 계획, 진로 계획은 필수 면접 문항이다. 입학처 홈페이지에서 지원 학과의 특성을 파악한 후, 그 학과에 지원 하게 된 동기를 학교 활동과 논리적으로 연결하여 자연스럽게 답변할 수 있도록 준비해야 한다.
- 면접에서 기본 점수 없이 실질반영비율이 50%이므로 면접 결과가 당 락을 좌우한다. 따라서 제출서류 이해하기, 면접 문항 추출하기, 친구 와 연습하기 등 치밀하게 연습하여 꼬리를 무는 질문이 연속되더라도 당황하지 않고 자신감 있게 답변해야 한다.

5. 면접 예시 문항

- 봉사활동을 많이 했는데 시간 관리를 효율적으로 하는 방법을 말해보세요.
- 간호학과와 관련된 책을 많이 읽었는데 그중에 ○○○○에 대해 말해보세요.
- 의료 경영에 관심을 갖게 된 계기를 말해보세요.
- 우리 학과에 대해 아는 대로 말해보세요.
- 건축학부가 어떻게 나뉘는지 말해보세요.
- 사회문화 시간에 작성한 ○○○○ 보고서의 내용을 말해보세요.
- 면접을 마치며 추가로 하고 싶은 말을 해보세요.

가톨릭대학교 잠재능력우수자 전형

1. 전형 방법 : 1단계 서류 평가로 3배수 선발 / 2단계 면접 평가 30% 반영

1) 1단계 서류 평가(입학사정관 2인 평가위원이 종합, 정성평가)

학업역량 20%	전체적인 교과성취도 및 성적 추이, 자기 주도적 학업태도 및 의지, 교과를 통한 지식의 확장 능력, 교과 관련 탐구활동 참여 및 성취
전공적합성 35%	전공 관련 교과목 이수 및 성취도, 전공에 대한 이해 및 관심과 노력 정도, 전공 관련 교과/비교과 활동과 경험
인성 15%	나눔과 배려, 협업 능력, 소통능력, 도덕성, 성실성
발전가능성 30%	리더십, 자기주도성, 경험의 다양성, 창의적 문제해결력

2) 2단계 면접 평가

전공적합성 50%	지원 전공에 대한 관심과 열정, 지원 전공 관련한 학업역량 및 태도, 답변의 논리성과 독창성
인성 30%	대인관계능력, 의사소통 능력, 공동체적 가치관 및 나눔과 배려 실천, 개인 활동의 진실성 및 가치
발전가능성 20%	종합적 사고력, 성장 가능성

2. 면접 평가 형식

- 제출서류 기반 개별면접, 10분, 평가자 2인
- 지원자의 제출서류를 기반으로 한 10분 내외 개별면접 (단, 의예과는

인·적성 면접을 포함하여 개인별 20분 내외 면접 평가, 상황 숙지를 위한 시간은 별도로 부여할 수 있음)

3. 면접 평가 내용
- 서류 작성 내용에 대한 개별 확인 면접
- 질문에 대한 정확한 이해를 바탕으로 서류 내용의 진실성 및 가치, 의사소통 및 전달능력 등을 평가

4. 면접 대비 전략
- 지원자의 제출한 서류를 개별 확인하는 면접이기에 준비만 잘 한다면 어려울 것이 없다. 학생부를 중심으로 제출서류를 확인하면서, 전공 적합성과 관련이 있는 문항을 뽑아보고 연습하면 된다. 전공에 대한 관심이 생긴 계기와 전공과 관련이 있는 활동을 스스로 잘 이해하고 있으면 된다.
- 면접관이 무엇을 묻고 있는지 요지를 파악한 후, 두괄식으로 답변을 하고 면접관과 천천히 대화를 나누는 안정된 자세가 좋은 평가로 이어질 수 있다. 대학에서 공개한 전공적합성, 인성, 발전가능성과 관련한 면접 문항을 살펴보면 실제 면접에서 나올 만한 문항을 예상하고 연습할 수 있다.

5. 면접 예시 문항
- ○○수업에서 ○○○발표로 학우들의 좋은 호응을 받았다고 했는데, 어떤 점을 인정받은 것이며 그 활동을 통해서 배운 점을 말해보세요.
- 지원자는 미래에 ○○○를 하고 싶다고 했는데 지금의 학과를 지원한

이유를 말해보세요.

- 지원자는 우리사회의 문제로 ○○○○를 제시했는데, 그렇게 생각하게 된 계기는 무엇이며, 그 문제를 해결하기 위해 자신이 할 수 있는 일을 말해보세요.

- 교내 ○○도우미 활동을 한 이유는 무엇이고 그 활동을 통해 배운 점을 말해보세요.

- 학급에서 일어나는 친구들과의 갈등을 해결했다고 했는데, 지원자가 어떤 역할을 수행했는지 그리고 그 과정에서 배운 점은 무엇인지 말해보세요.

- ○학년 담임선생님께서 지원자가 타인을 배려하는 모범적인 학생이라고 했는데, 왜 그런 평가를 했다고 생각하는지 말해보세요.

- 학급과 학생회 활동을 열심히 한 이유는 무엇이고 그 과정에서 어려웠던 점과 그것을 극복한 경험을 말해보세요.

- 선생님이 지원자를 자기주도성이 강하다고 평가했는데, 지원자의 어떤 면을 보고 그런 평가를 했다고 생각하는지 말해보세요.

- ○○ 시간에 질문이 가장 많은 학생이라고 기록되어 있는데, 질문을 많이 하는 이유과 질문 이후에 지원자의 변화가 있었다면 말해보세요.

강남대학교 서류면접전형

1. 전형 방법 : 1단계 서류 평가로 3배수 선발 / 2단계 면접 평가 30% 반영

1) 1단계 서류 평가(다수의 입학사정관이 학교생활을 중심으로 정성평가)

인성 25%	성실성	학교의 규칙과 원칙을 지키려는 태도, 자신의 역할에 책임감을 갖고 끈기 있게 임하는 자세
	공동체 의식	공동의 목표를 위해 협동하여 자신의 역할을 다하는 자세, 타인을 이해하고 배려하는 태도
전공적합성 45%	학업역량	학업적 노력 정도 및 성취 수준
	전공적성	고교 교육과정 내에서 이루어지는 지원 분야 관련 학업 및 학업 외적인 활동의 내용과 성취 수준
발전가능성 30%	자기주도성	자신의 꿈을 위해 스스로 계획하여 추진해나가는 태도
	도전정신	관심 분야에 대한 도전 과정 및 성취 수준, 문제상황에 직면했을 때 해결책을 가지고 극복하고자 노력한 경험

2) 2단계 면접 평가

전형의 적합성 30%	지원자에 대한 종합평가
전공적합성 30%	모집단위 지원 동기 및 앞으로의 계획을 확인, 지원자의 전공에 대한 탐구역량과 학습 및 활동을 통한 모집단위에서의 발전가능성을 평가
인성적 자질 20%	정직과 도덕적 예민성 및 판단력, 열린 마음과 배려, 공동체 의식을 평가
종합적 사고력 및 의사소통 능력 20%	질문에 대한 이해와 분석을 통한 타당한 대답, 종합적인 사고능력을 바탕으로 한 의사소통 능력을 평가

2. 면접 평가 형식
제출서류 기반 개별면접, 15분 이내, 평가자 3인

3. 면접 평가 내용
- 제출서류를 바탕으로 고등학교 재학기간 전반에 대한 확인 면접
- 교과 지식과 관련 사항에 대한 문제해결 과정을 측정하거나 유도 질문 없음

4. 면접 대비 전략
- 일반적인 서류 기반 면접을 실시하고 있다. 제출한 서류를 잘 파악하고 전공을 선택하는 데 영향을 준 활동이나 경험을 중심으로 면접 문항을 뽑아보고 성실하게 면접에 임하면 된다.
- 전공적합성을 중심으로 면접이 진행된다. 그만큼 교과학습발달상황이나 교과별 세부능력 및 특기사항이 중요하다. 지원한 학과와 관련이 깊은 교과 활동과 그 시간에 이루어진 활동이 학생부에 기록되었다면, 면접 문항으로 예상하고 대비해야 한다.
- 담임교사가 작성해 준 행동발달 종합평가를 중시하고 있다. 왜 그런 평가를 하게 되었는지, 그 평가와 관련한 활동이나 근거, 의미 등을 생각해야 한다.

5. 면접 예시 문항
- ○○ 과목을 선택하여 이수했네요. 다른 과목보다 이수자 수가 적은데 이 과목을 선택한 이유가 있을까요?
- 지원하는 전공과 관련한 독서를 많이 했네요. 책을 선정하는 자신만

의 기준이 있다면 무엇인가요?

- 전공 선택에 긍정적인 영향을 끼친 책과 그 이유는 무엇인가요?
- 선행, 봉사 관련 표창장을 수상했네요. 어떤 노력을 통해서 수상하게 된 것인지 구체적으로 이야기해 볼 수 있을까요?
- ○○학과에 지원하였네요. ○○학과에 지원하게 된 동기가 된 활동이 있다면 무엇인가요?
- ○○가 되고 싶다고 했는데요. 그 직업에 필요한 자질은 무엇이라고 생각하는지, 그 직업을 통해 이루고 싶은 목표가 무엇인지 이야기해 볼까요?
- ○○시간에 ○○○○○○를 발표했는데, 발표 내용 중 기억에 남는 내용이 있으면 소개해 볼까요?
- 학급에서 많은 활동을 했는데 가장 기억에 남는 활동과 그 활동에서 배우고 느낀 점은 무엇인가요?
- 학교에서 ○○봉사도우미 활동에 참여한 계기는 무엇인가요? 어려웠던 점과 이를 어떻게 극복했는지 이야기해 볼까요?

강원대학교 학생부종합전형

1. 전형 방법 : 1단계 서류 평가로 3배수 선발 / 2단계 면접 평가 30% 반영

1) 1단계 서류 평가(2인으로 구성된 평가위원이 종합적 정성평가)

학업역량 30%	학업에 대한 호기심과 열의가 높고, 우수한 학습능력과 창의적 문제해결 능력을 지닌 인재
전공적합성 25%	전공분야의 학습에 대한 목표와 관심사가 명확하고, 자신의 진로를 개발하려는 의지를 지닌 인재
인성 24%	자신의 역할에 성실하게 책임을 다하며, 공동체의 발전과 공공의 문제를 해결하기 위해 자발적으로 협력하고 헌신하는 인재
발전가능성 21%	미래를 개척하려는 도전정신과 열정을 지닌 발전가능성이 있는 인재

※ 평가척도: 7등급(A, B, C, D, E, F, G)

2) 2단계 면접 평가

학업역량 50%	고교 교육과정에서 흥미와 관심을 가졌던 문제나 과제에 대하여 스스로 탐구하고 사고하며, 자신에게 주어진 환경과 능력을 최대한 활용하여 성취해 나가는 능력(학습탐구 경험과 문제해결 능력, 지원 전공에 대한 관심과 이해, 대학에서의 학업목표와 의지)
인성 30%	공동체의 발전을 위해 구성원들과 협력하고 소통하고 배려하며, 자신이 맡은 일에 책임과 끈기를 다하여 충실하게 수행하는 태도(공동체 의식 및 협업 능력, 성실성과 책임감, 의사소통 능력)
잠재역량 20%	지원 전공 분야에 대한 탐색, 학습, 활동 과정에서 몰입 또는 집중력을 발휘하여 자기 주도적으로 성장하려고 노력하는 능력(도전의식, 자기주도성, 자기관리능력)

※ 평가척도: 7등급(A, B, C, D, E, F, G)

2. 면접 평가 형식

제출서류 기반 개별면접, 10분 내외, 평가자 2인

3. 면접 평가 내용

2인의 면접관이 블라인드 처리된 지원자의 제출서류를 바탕으로 학업역량, 인성, 잠재역량을 종합적으로 평가

4. 면접 대비 전략

- 실사구시(實事求是) 건학이념을 바탕으로 개인의 자아실현 및 공동체 진보를 구현하는 '실사구시형 창의·협동 인재양성'을 학부교육의 목표로 설정하여 인재를 선발하고 있다. 면접은 학생을 대면하여 학생의 인지적 능력과 정의적 특성 등 역량을 평가한다. 따라서 면접관이 무엇을 평가하기 위해 질문을 하는지 이해하는 것이 필요하다. 면접관은 학생이 지원하는 학과나 전공에서 공부하기에 적절한 학업역량을 지니고 있는지, 성숙한 인성을 갖추고 있는지, 발전가능성이 어느 정도인지 등을 파악하려고 한다. 즉, 지원자가 생각하고 탐구하며 문제를 해결하는 능력이 우수한지에 초점을 두고 자신이 이해하는 것을 말로 잘 표현하는지 등을 종합적으로 판단하려 한다.
- 서류확인 면접은 학생이 제출한 학교생활기록부의 내용을 기반으로 질문한다. 수험생이 학교생활에서 가장 의미 있고 중요하게 생각하는 학습활동이 무엇인지 질문하였다면, 그 공부를 하게 된 계기, 동기, 이유는 무엇이며, 그 공부를 잘하기 위해 어떤 노력을 하였고, 공부하는 과정에서 어려움은 무엇이고 어떻게 극복하였는지, 어떤 성과나 성취가 있었는지, 그런 경험이 자신의 성장에 어떤 영향을 주었는지 등을

면밀하게 질문한다. 따라서 학생부에 나와 있는 활동에 대한 전 과정을 꼼꼼하게 살펴보고 면접 질문과 답변을 사전에 작성하고 연습하는 활동이 필요하다.

- 면접에서 중요한 것은 자신감과 간절함이다. 자신 있게 말을 하려면 자신이 생각하고 이해하는 것을 조리 있게 표현하는 연습을 해야 한다. 면접 전에는 친구나 선생님 등의 도움을 받아 모의 면접을 해보는 것이 가장 좋은 면접 준비라고 할 수 있다. 모의 면접을 통해 면접 상황을 간접적으로 경험할 수 있고 이 과정에서 자신의 답변 내용과 태도 등을 점검하고 교정할 수 있다. 자신감은 간절함으로부터 나온다. 면접은 말로 표현하는 평가이기 때문에 긴장될 수밖에 없다. 이를 극복하는 방법은 반복된 연습에 있다.

- 면접은 '말'로 표현하는 평가이다. 말은 쉽게 기억에서 사라진다. 따라서 질문의 주제나 조건을 명확하게 파악하고 관련 내용을 간결하게 답해야 한다. 요구하지 않은 내용을 말하거나 불필요한 내용을 장황하게 말할 필요가 없다. 사전에 준비한 내용이라고 하여 질문의 의도에서 벗어난 내용을 말하는 것은 의사소통 능력이 없다는 것이다.

- 서류기반 면접이기에 학교생활기록부의 중요 내용들을 철저하게 이해하는 것이 기본이다. 이를 바탕으로 학교 홈페이지에 나와있는 학교와 학과의 인재상을 검색하면서 지원하는 학과나 전공에 대한 정보를 충실하게 파악해야 한다. 지원하는 학과에서 어떤 공부가 중요하고 졸업 후에 진로는 어떻게 되는지 등을 생각하며 답변을 구상해야 한다.

- 면접의 작은 차이가 당락을 결정하기에 자신의 고등학교 학습과 활동 중에서 사고력·탐구력·문제해결력·창의력 등을 우수하게 발휘한

경험을 준비하면 좋다. 면접 초반부 면접 분위기를 조성하기 위해 자기소개, 독서, 존경하는 인물 등에 대해 질문한다면 자신의 특성과 강점을 어필하는 내용을 준비한다. 그리고 면접이 끝나기 전에는 마지막 발언 기회를 주기도 한다. 이때에는 면접 과정에서 미처 답변하지 못한 내용을 보충하거나, 자신의 진로나 공부에 대한 포부, 열정 등을 간절하고 진정성 있게 답변하면 좋은 평가를 받는 데 도움이 된다.

5. 면접 예시 문항

- 지원하는 분야에 관심을 갖게 된 계기는 무엇인가요?
- 자신이 지원한 학과에 본인이 적합하다고 생각하는 이유는 무엇인가요?
- 관심분야에 대해 알기 위해 자신이 노력한 일들은 무엇인가요?
- 대학 입학 후 학업 계획과 진로 계획은 무엇인가요?
- 전반적인 성적보다 ○○교과성적이 낮은데 그 이유가 있나요?
- 어떤 동아리에서 어떤 활동으로 참가하였나요?
- 학급이나 동아리에서 자신이 맡은 역할을 잘한 경험이 있나요?
- ○○에 특별히 관심을 갖게 된 계기는 무엇인가요?
- 가장 영향을 준 도서가 있다면 무엇일까요? 그 이유는?
- 더 공부하거나 노력해야 한다고 생각하는 점은 무엇인가요?
- 자율활동을 하면서 친구(교사 혹은 선배 등)와의 소통을 통한 협업에는 문제가 없었나요?
- 학교라는 공동체 생활 속에서, 기억에 남는 협업 활동이 있었나요?
- 선생님이나 친구들은 자신을 어떤 학생이라고 생각할까요? 그 근거는?
- 오늘 면접을 진행하면서 보충하고 싶은 답변 혹은 마지막으로 하고 싶은 말이 있다면?

건국대학교 KU 자기추천전형

1. 전형 방법 : 1단계 서류 평가로 3배수 선발 / 2단계 면접 평가 30% 반영

1) 1단계 서류 평가

학업역량 30%	학업성취도, 학업태도, 탐구력
진로역량 40%	전공(계열) 관련 교과 이수 노력 및 교과 성취도, 진로 탐색 활동과 경험
공동체 역량 30%	협업과 소통능력, 나눔과 배려, 성실성과 규칙준수, 리더십

2) 2단계 면접 평가

학업역량 30%	탐구력
진로역량 40%	전공(계열) 관련 교과 이수 노력, 진로 탐색 활동과 경험
공동체 역량 30%	협업과 소통능력, 나눔과 배려

2. 면접 평가 형식
제출서류 기반 개별면접, 10분, 평가자 2인

3. 면접 평가 내용
- 서류 평가에서 면접 문항 추출
- 학생부 기록의 사실 여부 확인, 활동의 세부 내용을 묻고 학교생활의 충실성 평가

4. 면접 대비 전략

- 서류(학생부, 자기소개서)를 분석하여 면접관이 궁금해할 수 있는 내용을 질문으로 작성한다. 수능 이후의 면접이므로 면밀하게 분석하고 충분히 대비할 수 있다.
- 교과 활동에서 탐구력이 드러난 학습 경험이나 사례, 창체(진로, 동아리, 자율)활동에서 전공 관련 활동 경험, 협업과 소통 및 나눔과 배려 활동 사례에서 질문을 뽑아낸다.
- 전형명이 자기추천이다. 나는 충분히 건국대 합격 자격이 있다는 것을 고교생활의 경험으로 스스로 증명하면 된다. 진로역량의 비율이 가장 높다는 것을 고려하여 전공 관련 관심과 열정을 자신 있게 말하자.
- 내 이야기만 하면 OK! 어렵지 않다. 준비하면 합격이라는 생각으로 연습하자.

5. 면접 예시 문항

- 헤스 법칙 실험을 했는데, 어떻게 했는지 말해보세요.
- 열역학 법칙에 대해 공부했다고 하는데, 열역학 제1법칙과 2법칙을 설명해보세요.
- 자외선 차단제 보고서를 작성했는데, 그 내용을 설명해보세요.
- 우리 사회의 양극화 현상을 토론한 내용과 학생의 입장을 말해보세요.
- 창업동아리 마켓 활동에서 가격 책정이 어떻게 이루어졌는지 말해보세요.
- 선진 유가 사상가 중 알고 있는 사상가에 대해 말해보세요.
- 2학년 학년장 활동을 하면서 가장 기억에 남는 일을 말해보세요.

경기대학교 KGU 학생부종합전형

1. 전형 방법 : 1단계 서류 평가로 3배수 내외 선발 / 2단계 면접 평가 30% 반영

1) 1단계 서류 평가(입학사정관 2~3인이 학생의 교과성적뿐 아니라 다양한 역량을 종합적으로 고려하여 정성평가)

평가 요소	KGU/SW	세부 평가 내용
학업탐구 역량	30%/25%	학업성취도, 학업태도, 창의적 문제해결력, 학업 탐구력
	30%/35%	계열 관심도, 계열(전공) 이수 노력, 계열탐색 노력
자기계발 역량	20%	경험의 다양성, 자기 주도적 노력
공동체 역량	20%	나눔과 배려, 소통, 협업

*평가척도: S, A, B, C+, C, D, E

2) 2단계 면접 평가

평가항목 비율	평가 내용	면접 문항 예시
잠재역량 15%	모집단위 인재상에 부합하며 학업수학 가능성 확인	• 지원전공과 관련하여 수업 중에 발표한 주제와 내용 • 과제활동에서의 자료조사방법과 과제를 완성하는 데 활용한 참고문헌
사회역량 10%	건전한 인격과 협력을 토대로 공동체 구성원으로서의 역할 수행	• 학생이 참여한 과학탐구대회 준비 과정에서 본인이 맡은 역할 • 동아리 행사준비에서 본인의 제안에 친구들이 그렇게 생각한 이유
소통역량 5%	질문 의도를 제대로 이해하고 사용하는 어휘와 답변하는 태도	• 면접 시 질문의도에 맞는 답변 여부 • 질문에 대한 바른 태도와 성의

*평가척도: A, B, C, D, E

2. 면접 평가 형식
제출서류 기반 개별면접, 10분, 평가자 2~3인

3. 면접 평가 내용
• 서류 기반 사실 확인 질문

4. 면접 대비 전략
• 서류 기반 면접의 일반적인 형식을 따르고 있다. 제출서류를 꼼꼼하게 확인하여 학생부에서 어떤 질문이 나와도 자신의 이야기를 구체적으로 진솔하게 답변하면 좋은 평가를 받는다. 예상 질문을 뽑아내서 키워드 중심으로 정리 노트를 작성해 둔다.

• 면접에서 당락이 결정되기에 누구나 긴장을 하게 된다. 그나마 덜 긴장하기 위해서는 충분한 연습이 필요하다. 모의 면접 프로그램에 참여하거나 선생님, 친구, 가족을 면접관으로 설정하여 실전처럼 연습해보는 것이 좋다. 답변을 외우기보다는 예상 답변 노트에 정리해 둔 키워드로 기억하며 연습하는 것이 좋다. 휴대전화나 친구의 도움으로 면접 상황을 촬영하여 자신의 모습을 객관적으로 평가하고 부족한 부분을 보완하는 것이 좋다.

• 침착한 태도로 질문의 의도를 정확하게 파악한 후에 답변하는 것이 좋다. 두괄식으로 말하고자 하는 주장을 먼저 간명하게 밝힌 후 근거를 제시하거나 부연 설명하는 방식이 좋다. 서류 기반 면접이기에 추상적인 이야기보다는 자신이 경험한 실제 사례를 들어 구체적으로 답변을 해야 좋은 평가를 받는다.

• 시종일관 자신감 있는 태도로 면접에 임해야 한다. 자신감 있는 태도

와 성실한 자세는 면접관에게 좋은 인상을 주고 진학 의지가 높다는 평가를 받는다. 비언어적 표현도 신경을 쓰면서 바른 자세로 면접에 임하는 것이 중요하다.

5. 면접 예시 문항

- 자율활동 기록을 보면 '창의적 주제활동'에서 '뉴노멀시대'에 대한 탐구보고서 작성은 어떤 계기로 하게 되었나요?

- ○○ 진로선택과목을 선택한 이유는 무엇인가요? 이 수업에서 ○○ ○○에 대한 연구에 참여했다는 기록이 있는데 그 과정을 구체적으로 설명해주세요.

- ○○탐구반에서 AI의 발전 동향을 주제로 어떤 탐구활동을 했는지 설명해주세요

- ○○ 시간에 경제적 불평등을 모둠 주제로 선정하고 프로젝트 조장으로 잘 이끌었는데 비주얼 씽킹으로 표현한 부분과 주제에 대한 본인의 생각은 어떠한지 말해보세요.

- ○○ 봉사기록이 있는데, 어떤 계기로 이 봉사에 참여하게 되었나요? 본인의 주된 역할은 무엇이었으며 이 활동을 할 때에 가장 염두에 둔 부분이 있다면 무엇인가요?

- 학급에서 반장으로 활동하였는데 어려움은 없었나요? 있다면 어떻게 극복하였고 이 활동이 본인에게 어떤 영향을 주었는지 이야기해주세요.

- 멘토로서 본인의 역할을 수행하기 위해 노력한 점은 무엇이며 멘티에게 어떤 긍정적인 도움을 주었나요?

- ○○○○를 주제로 탐구보고서를 작성하였는데 필요한 자료는 어떻

게 수집하였으며 탐구보고서의 내용은 무엇인지 말해보세요.

• 한국사 수업 세특 기록에, 일제강점기에 한국어와 한글을 말살하기 위해 추진한 정책을 자세히 파악하여 발표하였다는 기록이 있는데 어떤 정책이었으며 관련된 자료는 어디서 어떻게 찾았나요?

• ○○에 대한 보고서를 작성하였는데 주요 내용 중심으로 말해보세요.

경북대학교 학생부종합 지역인재전형

1. 전형 방법 : 1단계 서류 평가로 5배수 선발 / 2단계 면접 평가 30% 반영

1) 1단계 서류 평가(2인으로 구성된 평가위원이 A, B조 종합적 정성평가)

학업역량 35%	학업성취도(15%): 지원계열별 주요 교과의 학업성취도, 성적 추이 반영 교과 학습 노력 및 태도(20%):자기 주도적 학습목표 수립과 실행, 학업 의지 및 탐구노력 등
전공적합성 35%	전공 관련 교과 이수 및 성취(10%): 전공 관련 교과의 이수 및 성적, 심화학습 노력 전공 관련 활동 및 노력(25%): 전공에 대한 관심과 이해, 전공 관련 교내활동 참여 노력용
발전가능성 20%	대학 입학 후 성장 가능한 잠재 역량: 창의인재로 성장 가능한 잠재역량(도전정신, 적극성 등)
인성 10%	바람직한 공동체 의식과 실천: 모집단위에 적합한 가치관과 실천, 공동체 기여도

- 주요 교과성적과 전공관련 교과에 대한 정량적 정성평가 실시(실질 비중 25% 내외),
- 교과성적을 제외한 학생부 기록 정성평가(실질 비중 75% 내외)

2) 2단계 면접 평가

학업역량 26.7%	대학 입학 후 학업을 수행할 수 있는 고교 교육과정 기반 학습능력 및 탐구 역량
전공적합성 26.7%	전공(계열)에 대한 관심과 이해를 바탕으로 자기 주도적인 진로 탐색 및 개발 역량
발전가능성 26.7%	폭넓은 경험과 탐구 노력으로 미래 창의인재로 성장 가능한 잠재 역량
인성 20%	바람직한 공동체 의식과 지속적인 실천 노력

2. 면접 평가 형식

제출서류 기반 개별면접, 10분 내외, 평가자 2인

3. 면접 평가 내용

- 2인의 면접관이 블라인드 처리된 지원자의 제출서류를 바탕으로 학업역량, 전공적합성, 발전가능성, 인성을 종합적으로 평가
- 학생 전체에게 동일한 질문을 하지 않고 학생 개개인의 활동 내용에 대한 개별 질문으로 4개의 평가 영역당 1개 정도로 학생의 활동 내용 중 확인하고 싶은 부분에 대해 질문

4. 면접 대비 전략

- 서류 기반 면접으로 학생부에 대한 기본 이해와 대학교에서 공지한 학생부종합전형 가이드북에 나와 있는 내용을 숙지하고 면접을 대비하면 무난하다.
- 다른 대학과 마찬가지로 서류 기반 면접이라는 것은 동일하나, 대학

교에서 평가 영역별 기출 문제를 예시로 공개했으므로 자신의 학생부를 보면서 사전에 질문을 예측하고 연습을 한다면 좋은 평가를 받을 수 있다. 중점적으로 했던 활동들에 대해 잘 답변할 수 있는 연습이 필요하다.

5. 면접 예시 문항(대학교에서 제시한 일부 학과의 내용만을 인용함.)

- 〈영어 독해와 작문〉 수업에서 셰익스피어의 희곡 「The Merchant of Venice(베니스의 상인)」를 한국의 고전소설 『이춘풍전』과 비교하여 읽어보았다고 하는데, 구체적인 비교 과정과 주요 내용을 말해주세요.
- '진로활동'에서 버락 오바마의 연설 영상을 본 후 영어로 소감문을 작성하여 친구들과 공유하였다고 하는데, 연설 영상과 본인이 작성한 소감문 내용을 각각 말하고, 활동을 통해 배우고 느낀 점을 말해주세요.
- 방송반을 3년 동안 선택한 이유와 주요 활동에 대해 설명해주고, 자신의 진로와의 연관성이 있다면 말해주세요.
- 〈수학과제 탐구〉 수업에서 '확증 편향의 수학적 이해'를 주제로 탐구하였는데, 심리학과 수학을 연계한 과정을 설명하고 이를 통해 배우고 느낀 점을 말해주세요.
- 본인이 탐구한 '애쉬의 선분 대조 모방실험'과 이와 관련한 '사회적 지위 얻기'에 대해 각각 설명해주세요.
- '대중조작으로 인한 불평등' 문제의 해결책을 방송통신위원회 국민참여란에 기고하게 된 계기와 이런 시도가 본인에게 어떤 의미가 있었는지 말해주세요.
- 위클래스 또래 상담자로 활동하며 마음의 병이 있는 친구 상담 경험이 있는데 이 경험을 통해 배운 점과 심리학과 진학 후 그 친구에게

더 해줄 수 있는 부분으로 기대되는 점이 있다면 무엇인가요?

- 단일클론항체가 다른 유형의 코로나19 치료제에 비해 부작용이 낮다고 했는데 그 이유와 단일클론항체의 단점이 있다면 설명해주세요.

- 〈영어 독해와 작문〉 수업 발표에서 인공지능과 빅데이터를 연구하여 신약 개발 과정에 기술 도입을 할 수 있다고 하였는데 서로 어떤 연계성이 있다고 생각하며, 융합학문을 위해 본인이 도전할 영역은 무엇이라고 생각하나요?

- 학교 홍보 봉사활동을 오랜 시간 했었는데 기억에 남는 에피소드와 이를 통해 배우고 느낀 점을 말해주세요.

- 〈확률과 통계〉 수업에서 무역 통계 자료를 정리하여 수출액, 수입액의 증감률과 코로나19가 선진국들의 무역에 미친 영향을 발표하였다고 하는데 이를 어떤 방식으로 분석하였는지 말해주세요.

- '동아리 활동'에서 탐구한 과거의 강대국 간 무역전쟁과 현재의 미중 무역전쟁의 공통적인 원인을 말하고, 자유무역의 중요성에 대해 논하세요.

- 두 차례의 청소년모의유엔총회 참가에서 결의안 도출을 위해 본인이 했던 역할은 무엇이었으며, 본인의 역량이 빛을 발한 순간을 말해주세요.

- 학교 자치 순찰대 활동에서 본인의 역할과 활동 중 학우들과의 갈등이 생겼을 때 극복했던 방법에 대해 말해주세요.

경인교육대학교 교직적성전형

1) 1단계 서류 평가(지원자가 제출한 서류를 기반으로 학업역량, 교직 적합성 및 잠재력, 교직인성 등을 정성적이고 종합적으로 평가)

학업 역량	학업역량 25%	• 전 과목을 고르게 성취(학습, 이수)하였는가? • 학기별/학년별/교과별 성적의 변화 추이는 어떠한가? • 수업에 집중력을 갖고 적극적으로 참여하려는 태도를 보였는가?
교직 적합성 및 잠재력	교직 적합성 25%	• 교직에 대한 흥미와 관심이 있는가? • 자신의 경험과 적성이 교직과 연관성이 있는가? • 교직에 관련된 다양한 활동을 하였는가?
	리더십 및 자기주도성 15%	• 다양한 활동에서 협력하며, 책임감 있게 역할을 수행한 경험이 있는가? • 공동체 활동에 주도적·적극적으로 참여하고 조직을 긍정적으로 변화시킨 경험이 있는가?
교직 인성	나눔과 배려 25%	• 나눔을 지속적으로 실천한 경험이 있는가? • 타인에 대한 배려를 보여준 사례가 있는가?
	공감 및 소통능력 10%	• 타인의 의견을 경청하고 공감적 이해를 바탕으로 문제해결 방안 등을 제시한 경험이 있는가? • 수업 및 활동 등에서 자신의 의견을 효과적으로 표현하고 있는가?

2) 2단계 면접 평가

교직인성	교직관 30%	· 교육 및 교직에 대한 태도와 이해, 인간관 및 아동관 등이 교사로서 적절하다
교직적성	문제해결 능력 35%	· 문제의 핵심을 정확히 파악하고 대응한다. · 참신성, 현실성, 응용성이 높은 해결방안을 제시한다.
	잠재능력 35%	· 기본적인 학문 소양과 교직에 대한 열정이 있어 교사로서의 발전가능성이 엿보인다.

2. 면접 평가 형식

대학 자체 개발 면접 문항, 개인면접과 집단토론, 15분 내외

3. 면접 평가 내용

대학 자체 개발 면접 문항을 활용하여 예비 초등교사로서의 교직인성 및 교직적성을 종합적으로 평가

4. 면접 대비 전략

• 학교생활기록부를 중심으로 학생의 교직관, 가치관, 인성, 적성 등을 종합적으로 평가하기에 자신의 학생부를 이해하는 것이 기본이다. 교과세특이나 창체 활동 중에서 교육과 연관이 있는 활동이라면 필수질문이라고 생각하고 답변을 미리 준비하는 것이 좋다.

• 교대 질문에 정답은 없다. 교육이나 사회 현안 등에 대해 수험생은 어떤 생각을 하는지, 왜 그런 주장을 하는지, 문제 상황을 해결하기 위해 제시하는 대안은 무엇인지 등을 통해 수험생의 가치관을 면접관이 교육적인 관점에서 평가하는 것이다. 자신의 생각을 갖는 것도 중요

하지만 답변하는 자세 또한 매우 중요하다. 시종일관 진지한 자세로 최선을 다하는 진정성과 절실함을 보여야 한다.

- 고교 생활 중에 교육에 대한 관심과 경험이나 현재 우리 사회가 직면하고 있는 교육적인 문제를 정리할 필요가 있다. 교대, 사대 면접에서 자주 나오는 질문과 당해연도 출제 가능한 문제를 시중에서 쉽게 구할 수 있다. 너무 깊게 파고들 필요는 없지만 최소한 면접장에서 질문을 듣고 당황하지 않을 정도로 노트에 교육 현안을 정리하고 틈틈이 이해하며 생각을 다듬을 필요가 있다.

- 면접 질문 중에 초등교육 특정 분야 심화 과정 중에 무엇을 선택할 것인지 묻게 된다. 입학처에 심화 과정이 안내되어 있다. 자신이 전공하고 싶은 학과와 이유 그리고 진로 계획을 미리 준비하는 것이 필요하다. 누구나 예상하는 질문이기에 자신의 특성을 고려하여 교육적인 고민과 실천 방향을 제시해야 한다. 경인교대에서 안내하고 있는 과정의 일부만 예시하니, 학과 특성을 이해하고 답변을 준비하기 바란다.

〈윤리교육과〉

윤리교육과는 학교 인성교육의 핵심 교과인 도덕 교과를 학생들에게 가르치는 데 목표를 두고 있다. 교육과정은 도덕교육의 이론과 도덕교육을 위한 교수·학습 방법, 철학과 윤리, 북한과 통일국가의 이론, 그리고 사회과학 이론과 방식에 대한 이해 등으로 구성되어 있다. 이러한 과정은 도덕적 품성을 발달시키는 교육과 관련된 전 과정의 교육영역을 포함한다. 이와 같은 과정을 공부함으로써 학생들은 우리 사회 도덕성의 실재를 이해하고 민주시민의 자질을 개발할 수 있다.

〈수학교육과〉

수학교육과는 초등학교 현장에서 다루는 수학교과 내용의 밑바탕에 들어있는 기본 개념과 원리, 법칙을 이해하고 연구하는 자기 주도적이고 창의적인 초등 수학교육 전문가를 양성하는 것을 목적으로 하고 있다. 다양한 수학 문제를 해결하고 생활 주변의 일들을 수학적으로 사고하는 습관과 태도를 가지도록 하고 동시에 수학 내용학과 수학교육론을 풍부하고 깊이 있게 배우고 익힘으로써 투철한 교직관과 역량을 두루 갖춘 초등학교 교육자를 기른다.

5. 면접 예시 문항

1) 문항 1

▶ 제시문
학교 교육 정책은 공통성과 개별성의 균형을 추구한다. 모든 학생은 학교 교육을 통해 사회 구성원으로서 살아가는 데 필요한 일반적인 지식과 기능을 체계적으로 습득해야 한다. 이와 함께 학생 개개인의 특성과 흥미는 존중되어야 하며 이를 바탕으로 교육 내용과 교육 방법이 구성될 필요가 있다.
최근에는 학교 교육의 개별성을 강화하기 위하여 학생들의 과목 선택권을 확대하는 정책이 고등학교를 중심으로 추진되고 있다. 이는 학생들이 자신의 진로를 고려하여 다양한 과목을 선택하고 학생들이 원하는 경우 학교가 새로운 과목을 개설하게 하는 것을 주요 내용으로 한다.

▶문제: 과목 선택권을 확대하는 정책의 장점과 단점 각각 2가지를 이유와 함께 제시하시오.

▶ 채점 기준
- 공통성과 개별성 사이의 긴장과 균형을 중심으로 문제의 핵심을 명확하게 파악하는지 평가한다.
- 정책의 장점과 단점을 두 가지씩 명확하게 제시하는지 평가한다.
- 정책의 장점과 단점을 뒷받침하는 이유를 각각 타당하게 제시하는지 평가한다.

2) 문항 2

▶ 제시문

초등학교 5학년 담임인 김 교사가 약수와 배수를 가르칠 때였다. 수업을 진행하던 중 김 교사는 A 학생이 수업 내용을 전혀 이해하지 못한다는 것과 그 이유가 곱셈구구를 하지 못하기 때문이라는 것을 알게 되었다. 김 교사는 약수와 배수 수업에 참여하는 것이 A 학생에게 무의미하고 지루한 시간 낭비라고 생각하였다. 그래서 A 학생을 위한 별도의 곱셈구구 학습 자료를 만들었고, 다음 수학 시간이 시작되자마자 만든 자료를 건네주었다. 학습 자료를 받아든 A 학생은 같은 반 학생들의 눈치를 살피다가 기어드는 목소리로 "저도 약수와 배수 공부할래요."라고 말했다. 다급하고 간절한 눈빛이었다. 김 교사는 무척 당황하였다.

▶ 이와 같은 상황에서 학생을 위해 교사가 취할 수 있는 지원 방안은 무엇이라고 생각하는지 이유와 함께 말하시오.

▶ 채점 기준

- 교육에서 개별적인 학습 지원과 학생에 대한 공감 사이의 균형을 중심으로 문제의 핵심을 명확하게 파악하는지 평가한다.
- 지원 방안을 명확하게 제시하는지 평가한다.
- 지원 방안에 대한 이유를 타당하게 제시하는지 평가한다.

경희대학교 네오르네상스 전형

1. 전형 방법 : 1단계 서류 평가로 3배수 내외 선발 / 2단계 면접 평가 30% 반영

1) 1단계 서류 평가

학업역량 30%	학업성취도, 학업태도와 학업 의지, 탐구활동
전공적합성 30%	전공(계열) 관련 교과 이수 및 성취도, 전공에 대한 관심과 이해, 전공 관련 활동과 경험
인성 20%	협업 능력, 나눔과 배려, 소통능력, 도덕성, 성실성
발전가능성 20%	자기주도성, 경험의 다양성, 리더십, 창의적 문제해결

2) 2단계 면접 평가

인성 50%	가치관 및 태도(창학 이념 적합도 : 창의적 노력, 진취적 기상, 건설적 협동)
	의사소통 능력(공감능력, 표현력)
전공적합성 50%	전공 기초소양(전공적합성, 학업역량)
	논리적 사고력(논리력, 사고력)

2. 면접 평가 형식

- 제출서류 기반 개별면접, 8분, 평가자 2인
- 평가척도 6등급 : 탁월(S), 우수(A), 양호(B), 보통(C), 미흡(D), 미달(F)

3. 면접 평가 내용

- 공통질문(지원 동기, 가치관 및 인성 등) 및 개인 서류 확인
- 면접 질문을 통한 제출서류의 사실 여부 확인, 활동의 세부 내용을 묻고 경희대의 인재상에 맞는 학생인가를 평가
- 경희대 학생부종합전형 취지: 다양한 공동체 안에서 삶을 완성해 나가는 책임 있는 교양인 '문화인', 지구적 차원에서 타인과 함께 평화를 추구하는 세계시민 '세계인', 학문 간 경계를 가로지르며 융·복합 분야를 개척하는 전문인 '창조인'을 선발

4. 면접 대비 전략

- 경희대가 추구하는 선발의 취지(인재상)에 부합하는 인재인가에 대해 스스로 답변한다. 예를 들어 "학생은 문화인인가요, 세계인인가요, 창조인인가요?" 질문에 긍정의 대답을 해야 하고 그렇게 말할 수 있는 타당한 근거를 각각 3가지씩 먼저 답변해 본다.
- 경희대가 학생을 선발해야만 하는 이유를 3가지 말해보자. 내가 경희대에 합격하고 싶다는 이유가 아니라, 경희대가 다른 학생이 아니고 왜 학생을 선발해야 하는지 답변을 해보자.
- 서류 확인 면접이기에 우선 제출서류(학생부, 자기소개서)의 내용을 충분히 숙지하고 면접 문항을 뽑아낸다.
- 서류 확인 과정에서 면접관이 학생의 장점이나 특징으로 평가한 것이 맞는지를 확인하기 위한 질문이 나온다. 질문을 통해 서류의 사실 여부와 학생의 특성을 파악한다.
- 문항을 추출하고 연습을 하되 외워서 답변하는 것은 지양해야 한다. 암기한 것은 서류와 면접 평가의 신뢰도가 떨어지기에 키워드 중심으

로 자연스럽게 표현하는 능력을 길러야 한다.

- 논리적 사고력과 창의성을 중시하는 특징이 있으므로 답변할 때 두괄식으로 명확하게 답변하고 그 근거를 제시한다. 면접관을 논리적으로 설득한다는 생각으로 면접에 임한다.
- 학업역량과 전공적합성을 평가하기 위해 교과별 세부능력 및 특기사항에 주목해야 한다. 수업 시간에 이루어진 수행평가, 발표, 토론 등은 기본이고, 전공에 대한 관심을 동아리나 진로활동 등으로 확장한 경험을 물을 것이다.

5. 면접 예시 문항

- 건축 디자인에 관심이 많다고 했는데, 산업디자인학과에 지원한 동기를 말해보세요.
- 학생이 왜 우리 학교에 잘 어울리는지 말해보세요.
- 마케팅에 관심이 있다고 했는데 가장 배우고 싶은 마케팅이 무엇인지 말해보세요.
- 윤리적 소비와 합리적 소비 중 학생이 지향하는 것을 말해보세요.
- AI 발전에 대한 긍정과 부정의 입장을 말해보세요.
- 미세먼지 발생 원인에 관한 보고서를 작성했는데 그 내용을 설명해보세요.
- 학생이 적극행정을 실현할 수 있는 자리에 오른다면, 어떤 행정을 할 것인지 말해보세요.

고려대학교 학업우수형, 계열적합형

1. 전형 방법

	1단계(서류평가)	2단계(면접구술)	비고
학업우수형	6배수	면접 30%	
계열적합형	5배수	면접 40%	

1) 1단계 : 학교생활기록부를 종합적으로 평가

	학업역량	자기계발역량	인성
학업우수형	50%	30%	20%
계열적합형	40%	40%	20%

평가역량	평가 요소	세부 내용
학업역량	학업성취도	전반적인 교과의 성취 수준
	학업 의지	학업을 수행하고 학습해 나가려는 노력
	기타 요소	상기 외 '학업역량'에 부합하는 기타 요소
자기계발 역량	계열 관련 역량	계열 관련 탐색 노력과 준비 정도
	탐구력	주어진 문제에 대해 깊고 폭넓게 탐구할 수 있는 능력
	기타 요소	상기 외 '자기계발역량'에 부합하는 기타 요소

인성	규칙준수	공동체 내의 규칙·규정을 준수하는 태도
	나눔과 배려	타인을 위하여 나누고자 하는 태도와 행동
	리더십	공동체의 목표 달성을 위해 구성원들의 상호작용을 이끌어내는 능력
	기타 요소	상기 외 '인성'에 부합하는 기타 요소
문제해결 능력	지적호기심	관심 분야에 대해 탐구하고자 하는 노력
	과제집중력	관심 과제에 집중할 수 있는 능력
	기타 요소	상기 외 '문제해결 능력'에 부합하는 기타 요소
창의성	독창성	아이디어의 관점과 접근방법에 있어서의 창의적 역량
	성실성	전공에 대한 관심과 의지 및 이에 대한 자발적 실천 능력
	표현력	아이디어의 가시화를 위한 개념 전달 및 감각적 표현 능력
	논리성	의도와 개념 전개의 타당성과 합리성

* 매우우수(A+), 우수(A), 다소우수(B+), 보통(B), 미흡(C), 매우미흡(D), 부적격(F) 7점 척도 평가

2) 2단계 : 제시문 관련 질문에 대한 답변을 토대로 평가

분석력	20%	제시문의 주제와 내용을 이해하고 제시문 사이의 연계성을 파악하는 능력
적용력	30%	제시문에 나타난 정보를 주어진 문제에 구체적으로 적용할 수 있는 능력
종합적 사고력	40%	주어진 정보를 논리적으로 통합하여 문제를 해결하는 능력
면접 태도	10%	의사표현 방식과 면접에 임하는 전반적인 태도의 적절성

* 매우우수(A+), 우수(A), 보통(B), 미흡(C), 매우미흡(D), 부적격(F) 6점 척도 평가 / 면접 태도는 우수(A), 보통(B), 미흡(C), 매우미흡(D), 부적격(F) 5점 척도 평가

2. 면접 평가 형식

- 제시문 관련 질문에 대한 답변을 면접관 2인 이상이 평가함
  - 학업우수형: 준비 12분, 답변 6분
  - 계열적합형: 준비 21분, 답변 7분

3. 면접 평가 출제 과정 및 출제 교과목

교수 19명, 전임 입학사정관 9명이 출제하고 전임 입학사정관이 전형 별로 2명씩 참여하여 고교 교육과정 내 출제를 준수하고자 노력한다. 출제위원은 사전 연수와 합숙으로 고교 교육과정을 숙지하고, 출제 후 검토위원에게 의견을 청취하여 의견을 반영하는 방식으로 출제를 진행한다. 이는 제시문 기반 면접이 고교 교육과정을 철저히 준수하여 교육과정을 벗어날 가능성이 조금이라도 있는 문항을 걸러내기 위한 장치이다. 2022학년도 면접 고사 출제에 반영되는 교과는 다음과 같다.

학업우수형	인문	오전: 통합사회, 사회·문화, 윤리와 사상 / 오후: 사회·문화, 문학
	자연	오전: 수학, 물리학Ⅰ, 화학Ⅰ, 생명과학 / 오후: 수학Ⅰ, 물리학Ⅰ, 지구과학Ⅰ, 통합과학
계열적합형	인문	오전: 윤리와 사상, 생활과 윤리 / 오후: 통합사회
	자연	오전: 미적분, 물리학Ⅰ, 통합과학 / 오후: 수학Ⅱ, 물리학Ⅰ, 통합과학, 경제

4. 면접 대비 전략

- 학업우수형은 수능 최저 등급을 맞추는 것이 가장 중요하다. 국어, 수학, 영어, 탐구(2과목 평균) 4개 영역 등급의 합이 인문은 7이고 자연은

8등급이다. 1단계 합격 후 최저학력기준을 충족했다면 자신 있게 면접장에 가면 된다.

- 고려대 학생부종합전형 면접 고사의 특징은 사실상 구술시험이다. 즉 평소 자신이 지원하는 학과에 대한 공부가 충분해야 합격할 수 있다.
- 「선행학습 영향평가 결과보고서」를 통해 대학에서 제공한 기출문제를 확인하고 출제 형태와 채점 기준을 미리 익히는 것이 좋다. 그리고 관련 교과목 책을 놓고 착실하게 공부해야 한다.

5. 면접 예시 문항

고려대학교는 「선행학습 영향평가 결과보고서」에서 밝힌 2022학년도 면접 고사 문항을 유형별로 공개하고 있다. 면접 대상자는 위 보고서를 통해 출제 유형과 출제 의도 및 채점 기준 등을 반드시 숙지하는 것이 필요하다. 추가적인 내용은 고려대학교 입학처에서 확인하면 된다.

1) 학업우수형 인문 문항 예시

- 교육과정 과목명: 통합사회, 사회·문화, 윤리와 사상
- 핵심 개념 및 용어: 공리주의, 국가 행복지수, 공공선
- 소요 시간: 준비시간 12분, 면접시간 6분

제시문

(가) 고전적 공리주의자 벤담과 밀은 행복은 곧 쾌락이고 불행은 고통이라는 인식을 공유하며, 인간 행위의 목적을 고통을 피하고 쾌락을 늘리는 것에 두었다. 특히 이들이 중시한 것은 최대 다수의 최대 행복이었는데 여기에서 공공선의 문제가 제기되기도 하였다. 한편, 20세기 사상가 칼 포

퍼는 불행의 최소화를 중시하며 ㉠'소극적 공리주의'를 제시했다. 개인의 자유가 억압되는 일에 민감하게 반응한 그는 공공의 영역을 인정하되 최대 행복을 명분으로 개인의 자유가 침해 받는 일을 경계했다. 세계사적 비극인 전체주의의 폐해를 떠올리면 그의 우려가 지나치다고 말하기는 어려울 것이다. 고전적 공리주의가 행복을 극대화하려 한다면, 소극적 공리주의는 행복이 아닌 불행을, 쾌락이 아닌 고통을, 선이 아닌 악을 제거하고 최소화하려 한다. 소극적 공리주의에 따르면, 행복이나 선이라는 목표는 항상 미래에 오는 것이므로 불확실하며 대체로 추상적이다. 반면에 고통이나 악을 제거한다고 할 때, 그 고통이나 악은 항상 현재에 존재하는 구체적인 것이다. 불확실한 미래의 추상적인 선을 추구하기보다는 확실한 현재의 구체적인 악을 제거하는 것이 우리가 해야 할 일이다. 또한 행복이나 선은 사람들마다 서로 다른 것인 경우가 많아서 일률적으로 산출하기 어렵다. 무엇이 좋은 것인지는 지극히 주관적이기 때문에 사람들 간에 의견 일치가 쉽게 이루어지지 않는다. 반면에 고통이나 악은 사람들이 쉽게 합의할 수 있다는 것이 소극적 공리주의의 주장이다. 맛있는 음식에 대해서는 각각 의견을 달리하는 사람들도 배고픔의 고통에 대해서는 쉽게 의견 일치를 볼 수 있다.

(나) 일반적으로 국가를 평가할 때 국내총생산(GDP) 등 경제적 지표를 사용하는 경향이 있으나 이것만으로 국민의 행복과 불행을 종합적으로 판단하는 데에는 한계가 있다. 이를 보완하기 위해 도입된 ㉡ 국가 행복지수는 국내총생산뿐만 아니라 건강상태, 자유, 기대수명, 부정부패 등을 바탕으로 집계된다. 국민소득이 2000달러에도 미치지 못하는 작고 가난한 나라지만 국민의 97%가 '행복하다'고 하는 부탄이 널리 알려진 것도, 선진국 대열에 합류한 나라의 국민이지만 한국인의 불행이 주목받게 된 것도 국

가 행복지수 때문이다. 2018~2020년 평균을 산출한 결과 한국은 국가 행복지수 10점 만점에 5.85점으로 OECD 회원국 중 거의 끝자리를 차지했는데, 미세먼지 농도는 가장 높았고, 연간 근로시간은 멕시코 다음으로 가장 길었다. 또한 2020년 유니세프가 발표한 어린이 행복지수에 따르면 한국은 OECD 및 EU 회원국 38개국 가운데 21위였다. 신체건강(13위), 학업 및 사회 능력(11위)은 상위권이었지만 정신적 행복은 34위로 최하위권이었다.

(다) 나는 이사하기를 좋아한다. 인간이라는 것은 크게 나누면 대충 두 가지 타입으로 나눌 수 있다. 즉, 이사하기를 좋아하는 인간과 싫어하는 인간이다. 특별히 전자는 행동적이고 진취성이 풍부하나 후자는 그 반대라는 식의 이야기가 아니다. 단순히 이사하기를 좋아하느냐 싫어하느냐라는 극히 단순한 차원의 이야기이다. 짐을 챙겨 동네에서 동네로, 집에서 집으로 옮겨 다니노라면, 정말로 ⓒ 행복한 기분이 든다. 그렇다고 해서 내가 적극적인 인간인가 하면 그렇지도 않다. 오히려 그 반대로, 생활 습관을 바꾸거나 사물에 대한 가치 판단을 바꾸거나 하는 걸 극단적으로 싫어하는 편이다. 양복만 해도 15년 전과 거의 같은 것을 입고 있다. 하지만 이사 가는 것만은 좋아한다. 이사의 좋은 점은 모든 것을 '무(無)'로 만들 수 있다는 것이다. 이웃과의 교제, 인간관계, 그 밖의 온갖 일상생활에서의 자질구레한 일, 그러한 것이 전부 한순간에 소멸해버리는 것이다. 이 쾌감은 한 번 맛보면 결코 잊어버릴 수가 없다. 야반도주야말로 이사의 기본적 원형이다. 나는 지금까지 굉장히 여러 번 이사를 하고, 여러 곳에 살았으며, 여러 종류의 사람들과 상종을 해왔다. 그리고 그때마다 모든 것을 '무'로 만들고 지금에 이른 것이다.

물음

1. ㉠의 특성을 바탕으로 ㉡, ㉢에 제시된 '행복'에 대한 관점을 평가하시오.

2. 제시문 (나)의 내용을 참고하여 ㉠의 견해를 비판하시오.

3. 제시문 (가)의 '소극적 공리주의'를 반영한 정책을 예로 들고 그것의 순기능과 역기능에 대해 설명하시오.

출제 의도

• 1번 문항은 '소극적 공리주의'의 개념과 그 특성을 파악한 뒤, 제시문 (나)와 (다)의 상이해 보이는 행복의 관점을 소극적 공리주의의 개념을 통해 정리할 수 있는지 평가함

• 2번 문항은 국가 행복지수의 산출 가능성과 동일 층위에 놓인 행복과 불행의 반비례 관계를 바탕으로, 소극적 공리주의에 전제된 행복의 산출 불가능성과 다른 층위에 배치된 행복과 불행의 관계를 비판적으로 파악하는 능력을 알아보고자 함

• 3번 문항은 소극적 공리주의의 내용을 종합적으로 파악하여 현실 영역에 적용하고 그것의 순기능과 역기능을 고찰하는 능력을 알아보고자 함

문항 해설

• 1번 문항은 고등학교 〈통합사회〉 교과서에 제시된 행복의 의미 및 〈윤리와 사상〉 교과서에 제시된 공리주의의 개념을 참조하여, 제시문 (가)에 제시된 소극적 공리주의의 개념을 파악하고 이에 맞춰 제시문 (나), (다)에 소개된 '행복'의 차이를 정리하여야 함.

• 2번 문항은 산출 가능한 국가 행복지수의 속성과, 행복과 불행의 반비

례 관계를 파악하여 이를 바탕으로 소극적 공리주의의 내용을 비판하
여야 함.

- 3번 문항은 고등학교 〈윤리와 사상〉 교과서에 소개된 공리주의를 바탕
으로 확장된 '소극적 공리주의'의 개념을 활용하여 답변을 하여야 함.

채점 기준

- 1번: 소극적 공리주의의 특성을 제대로 파악한 경우 점수를 부여함.
이를 기반으로 ⓛ과 ⓒ의 행복에 대한 관점의 차이를 체계적으로 설
명한 경우 점수를 가산점을 부여함.
- 2번: 행복의 산출 가능성 여부 또는 행복과 불행의 층위에 대하여 답
변할 경우 점수를 부여함. 제시문 (나)에 나타난 행복의 산출 가능성
을 이해하고 동일 층위에 놓인 행복과 불행의 관계를 바탕으로, ㉠에
서 거론된 행복의 산출 불가능성 및 다른 층위에 배치된 행복과 불행
의 관계를 비판하면 가산점을 부여함.
- 3번: 문제가 요구한 합당한 정책의 예를 제시하고 이에 대한 순기능
과 역기능을 논리적으로 설명할 경우 점수를 부여함. 제안한 정책의
예와 설명이 설득력을 갖추고 독창적일 경우 가산점을 부여함.

예시 답안

〈1번 문항〉

- 제시문 (가)
- 소극적 공리주의는 공공의 영역을 인정하되 인간이 누릴 수 있는 최
대한의 자유를 보장하기 위해 국가의 최소 개입을 강조하며, 행복의
증진 요소보다는 불행의 최소화를 중시함

- 행복과 선은 미래지향적, 추상적, 주관적 특성을 지녀 그것이 무엇인지 합의에 이르기 어려운 반면, 고통과 악은 현실적, 구체적, 객관적 특성을 지녀 그것이 무엇인지 쉽게 합의에 이를 수 있음
• 제시문 (나)
- 국가 행복지수는 산출 항목에 경제적 수치 이외에도 행복과 불행을 측정하는 여러 영역이 포함되어 종합적인 성격을 지녔음
- 산출 가능한 행복과 불행의 영역이 제시되고 있으며 행복 지수에는 불행의 요소도 가미되어 있음
- 행복과 불행은 현재화, 현실화의 특성을 지니며 같은 층위에서 반비례 관계를 형성함
• 제시문 (다)
- '행복한 기분'은 공공의 영역을 중시하기보다는 작가의 개인적 쾌락의 차원에서 형성됨
- '이사하기'는 작가에 따르면 사회적 관계를 무(無)로 만드는 것이며 따라서 소극적 공리주의가 전제로 하고 있는 사회적 관계를 부정하는 행위임
• ㉠은 '최대 다수의 최대 행복'의 공리주의를 전제로 하되 행복의 측정 불가능성으로 인해 불행의 최소화에 주목해야 한다는 입장, ㉡은 불행과 행복의 반비례 관계를 전제로 공리주의적 관점에서 행복의 측정 가능성을 중시한 입장, ㉢은 사회관계를 끊음으로써 발생하는 공리주의와 무관한 행복, 즉 개인의 쾌락을 중시한 입장임
〈2번 문항〉
• 제시문 (나)의 내용
- 국가 행복지수 산출 영역에는 불행의 요소와 행복의 요소가 포함되어

있음

- 행복의 요소는 늘리고 불행의 요소를 줄이는 경우 국가 행복지수가 상승함
- 이를 통해 불행뿐만 아니라 행복도 미래가 아닌 현재적 관점에서 파악할 수 있다는 것을 추론할 수 있음

• ㉠의 견해
- 소극적 공리주의는 산출 불가능한 행복의 증진보다는 합의에 이르기 쉬운 불행의 최소화에 주목하며 '최대 다수의 최대 행복'을 추구함
- 행복이나 선은 미래지향적, 추상적, 주관적 특성을 지니는 반면, 고통과 악은 현실적, 구체적, 객관적 특성을 지녀 다른 층위에 있음

〈3번 문항〉
• '소극적 공리주의'의 내용
- 소극적 공리주의는 공공의 영역을 인정하되 인간이 누릴 수 있는 최대한의 자유를 보장하기 위해 국가의 최소 개입을 강조함
- 소극적 공리주의는 행복의 증진 요소보다는 불행의 최소화를 중시함
- 행복이나 선은 미래지향적, 추상적, 주관적 특성을 지녀 산출하기 어려운 반면, 고통과 악은 현실적, 구체적, 객관적 특성을 지녀 그 정체에 대해 쉽게 의견 일치를 보임

• 예상답안 예시
- 사회 안전망, 빈곤 퇴치, 백신 접종, 기본 소득, 공공의료, 의료 보험, 임대주택, 학생급식, 노숙자쉼터 등의 예가 있을 것임
- 이들의 순기능은 사회적 고통을 최소화하여 '최대 다수의 최대 행복'의 가치를 실현하는 것이며 이들의 역기능으로는 근로의욕 저하, 도덕적 해이, 국민의 선택권 억압, 사회적 비용 증가 등을 꼽을 수 있음

광운대학교 광운참빛인재전형

1. 전형 방법 : 1단계 서류 평가로 3배수 선발 / 2단계 면접 평가 30% 반영

1) 1단계 서류 평가(입학사정관 2인 또는 3인으로 구성된 평가위원이 정성평가)

학업역량 30%	학업성취도 및 학업 발전성, 학업 성실성
진로역량 50%	진로 관련 분야 자기주도성, 전공 관련 교과이수 노력 및 교과 성취도
공동체 역량 20%	공동체 의식, 학교생활 충실도

2) 2단계 면접 평가

발전가능성 40%	학업 계획 및 진로 계획의 타당성, 전공에 대한 관심과 이해도, 목표 의식 및 자기개발 능력
논리적 사고력 40%	종합적 사고력, 논리적 의사소통 능력
서류 사실 여부 20%	면접 태도, 평가 서류 내용의 진실성

2. 면접 평가 형식

제출서류 기반 개별면접, 10분, 평가자 2인

3. 면접 평가 내용

- 서류(학생부, 자소서) 평가에서 면접 문항 추출
- 기록의 사실 여부 확인, 활동의 세부 내용을 묻고 발전가능성을 평가
- 발전가능성을 평가하기 위해 다음과 같은 질문을 한다.

- 졸업 후 ○○분야의 진로를 희망하고 있는데, 이 분야의 전문가가 되기 위해서 가장 중요하다고 생각하는 조건은? OO분야의 희망 세부전공은 무엇인가? 그 이유는?
• 논리력을 평가하기 위해 다음과 같은 질문을 한다.
- ○○ 활동 중 가장 의미 있었던 활동과 그 이유는?
- ○○ 활동에 친구들과 공동으로 참여했는데 본인의 구체적인 역할?
- 세부능력 및 특기사항에서 ○○ 교과의 활동(발표 등) 과정을 구체적으로 설명하세요.
• 인성을 알아보기 위해 다음과 같은 질문이 나온다.
- ○○활동에서 ○○ 분야에 대한 내용이 많은데 그 활동을 선택한 기준은 무엇인가? 활동을 하면서 겪은 어려움과 해결을 위한 노력은 무엇인가?

4. 면접 대비 전략

• 예상 질문을 만들어 미리 연습한다. 제출서류(자기소개서, 학교생활기록부) 기반으로 구성된 개인 적합 질문으로 진행하기 때문에, 본인이 제출한 서류의 내용을 꼼꼼하게 살펴보는 것이 중요하다. 따라서 지원자 본인의 서류(자기소개서, 학교생활기록부)를 바탕으로 스스로 예상 질문과 답변을 미리 만들어 연습해본다면 도움이 많이 된다.
• 구체적이고 명확하게 답변한다. 면접위원의 질문 요지를 잘 파악한 후, 구체적이고 명확하며 진실성 있는 답변이 중요하다. 특히, 평가위원이 사전에 제출서류를 검토한 후 개인에 적합한 질문을 하기 때문에, 경험 또는 사례에 관한 질문의 경우 단순하게 소개하기보다는 동기, 역할, 배우고 느낀 점, 이를 바탕으로 어떻게 성장 및 발전하였는

지를 구체적이고 명료하게 답변할 수 있는 연습이 필요하다.

• 학교 및 학과정보를 미리 파악한다. 광운대학교 면접 평가항목인 발전가능성의 세부 평가 기준을 살펴보면 전공에 대한 관심과 이해도, 학업 계획 및 진로 계획의 타당성 등이 있다. 따라서 광운대학교 입학처 홈페이지의 학교 및 학교 소개를 유심히 살펴본 후, 서류에 기록된 자신의 활동이 지원하는 학과와 어떤 관련이 있는지를 고민하여 학업 계획 및 진로 계획 등의 답변을 준비한다.

광주교육대학교 학생부종합전형

I. 전형 방법 : 1단계 서류 평가로 2~4배수 선발 / 2단계 면접 평가 30% 반영

1) 1단계 서류 평가(2인으로 구성된 평가위원이 종합적 정성평가)

학업 역량	기초학업 역량 40%	• 전 과목의 성취 수준 • 학업관리역량을 통한 성장 정도 • 교과수업 내 학업태도와 학습의지 • 교과 지식에 대한 호기심을 통한 학습활동 확장 여부 • 학습한 지식을 적절히 활용한 경험
	진로교과 역량 10%	• 관심 있는 교과목의 성취 수준 • 진로 역량 강화를 위한 교과 이수 노력 • 교과수업 내 학업태도와 학습의지 • 교육 관련 교과목 이수를 위한 노력과 성취 수준 • 예체능 과목 이수를 위한 노력과 성취 수준
교직 적합성	교직에 대한 흥미와 관심 15%	• 교직 관련 탐색 수준과 활동 정도 • 교과 활동에서 예비교사로서의 자질을 발휘한 경험 • 교직 관련 독서 및 그 수준의 적절성 • 교직 관련 창의적 체험활동(자율, 동아리, 봉사, 진로활동) • 다양한 문화에 대한 수용 태도
	문제해결 역량 15%	• 학교생활에서 겪은 어려움을 해결한 경험 • 문제해결 과정에서 보이는 논리적인 사고력 • 교과 지식을 활용하여 문제를 해결한 사례 • 독창적인 아이디어를 발휘하여 문제를 해결한 경험 • 구성원들과 소통하여 합의를 이끌어 낸 경험
교직 인성	공동체 역량 15%	• 구성원과 협력하여 공동의 과제를 수행하고 완성한 경험 • 경청과 공감적 이해를 바탕으로 갈등을 해결한 경험 • 학교생활을 통해 리더십을 발휘한 경험 • 타인을 위해 양보하거나 배려를 실천한 경험 • 봉사활동 등을 통한 지속적인 나눔의 생활화
	성실성 5%	• 학교의 규칙과 규정을 준수하려는 노력 • 주어진 역할을 수행하는 태도 • 맡은 일에 대한 적극성 • 구성원들에게 모범이 되는 태도와 행동 • 출결상황, 행동특성에서 드러나는 학교생활의 충실성

2) 2단계 면접 평가

문제해결역량 40%	• 문제인식 및 상황대처능력 • 논리적 표현력
교직적합성 30%	• 예비교사로서 기본 소양 및 관심 정도 • 발전가능성
교직인성 30%	• 면접 참여의 태도와 적극성 • 올바른 가치관과 도덕성

2. 면접 평가 형식

제출서류 기반 개별면접, 15분 내외, 평가자 2인

3. 면접 평가 내용

면접은 지원자의 학교생활기록부를 기반으로 진위 확인 및 관련 내용 질문

- 문제해결역량
- 교직적합성
- 교직인성

미래 초등교사로서 학습자 중심의 수업 설계와 실행을 할 수 있는 인재, 학생 공감을 바탕으로 학습공동체를 형성하고 이끌어갈 수 있는 인재 선발을 위해 학교생활기록부를 바탕으로 정성적 종합평가를 한다.

4. 면접 대비 전략

- 학교생활기록부를 바탕으로 평가하기 때문에 평소 학교생활을 성실히 하고 다양한 경험을 통해 지원한 학생이라면 그 과정을 성실하게

답변하면 된다. 학생부를 살피면서 본인의 경험을 되돌아보고 그 의미를 잘 찾아 정리하면 좋은 면접 대비가 된다. 아래에 제시한 면접 질문을 참고로 하여 면접 질문을 작성하되, 꼬리를 무는 질문이 연달아 나오기에 당황하지 않고 의사소통 능력을 보여주면 된다.

5. 면접 예시 문항

- 자연계열 이수과목이 상당히 많고 진로 역시 의료, 생명공학 등의 분야를 희망하는 것으로 확인되는데, 교육대학교에 지원하게 된 동기를 설명해주세요.
- (한국사) 수업을 통해 환자를 위해 희생하고 봉사하는 의사가 되겠다는 다짐을 하였다고 했는데, 교대 지원 동기는 무엇인가요?
- 초등교직에 대한 단순한 이해가 아니라 지원자 자신이 적성이 있는지 알아보기 위해 어떤 노력을 하였고, 그 노력을 통해 지원자의 초등교직 적성과 관련하여 알게 된 점은 무엇인가요?
- 전 학년 동안 교과성적이 꾸준히 향상되었는데 그렇게 향상된 이유나 비법에 대해 말씀해보세요.
- 수학 성적이 2학년부터 꾸준히 상승했는데요. 성적 향상을 위해 어떤 노력을 했는지, 가장 효과적이고 생각하는 학습법은 무엇이었는지 말씀해주세요.
- 수학 성적이 계속 큰 폭으로 상향된 것을 볼 수 있었는데, 그 같은 큰 발전을 보인 계기나 어떤 공부방법의 변화가 있었는지 소개해주세요.
- 초등학교 학생들 중 수학이나 물리와 같은 성격의 과목들에 특히 어려움을 호소하는 경우들이 많습니다. 지원자의 경우 상대적으로 수학과 물리 성적이 좋은 편인데, 관련하여 특별한 노하우가 있는지 그리

고 또 그러한 과목들을 보다 쉽고 재미있게 가르칠 수 있는 방법이 있다면 소개해주세요.

• 특정 교과의 성적이 상대적으로 떨어지는데 이에 대한 이유와 이를 극복하기 위한 방법은 무엇이라고 생각하는지요?

• 이황과 기대승의 논쟁에 관한 초등교육적 방법 탐구보고서를 작성했습니다. 초등교육과 중등 또는 일반교육의 방법이 구별될 텐데 어떤 점에서 초등교육의 방법으로 의미 있다고 생각했는지 말해보세요.

• 〈윤리와 사상〉 수업에서 관심이 있었던 철학자나 내용에 대해 소개해 보세요.

• 〈윤리와 사상〉을 수강했는데, 칸트에게 있어서 도덕법칙을 따르는 삶이 어째서 타율이 아닌 자율로 파악되는지 설명해 보시오.

• 2학년 〈사회문화〉 시간에 '사형제도 폐지'에 대해 토론하고 보고서를 작성했는데 당시 자신의 입장은 무엇이었는지, 그리고 상대방을 설득할 때 사용했던 내용이 있다면 이야기해주기 바랍니다.

• (확률과 통계) 조건부 확률이 마케팅 전략에 어떻게 사용되는지에 대해 설명해보세요.

• 과학 탐구 대회에서 수상한 것으로 나와 있는데, 그때 연구 주제와 이 활동을 통해 새롭게 알게 된 점에 대해 설명해보세요.

• 자신의 독서 경험을 토대로 지금까지 읽었던 책 중 교육학적 안목이나 시사를 제공한 도서가 있다면 어떤 책이었는지 설명해보세요.

국민대학교 국민프런티어전형

1. 전형 방법 : 1단계 서류 평가로 3배수 선발 / 2단계 면접 평가 30% 반영

1) 1단계 서류 평가(입학사정관 2인이 학생부와 자기소개서 정성평가)

자기주도성 30%	고등학교 생활에 적극적으로 참여하였는가? (수업활동/교내활동) 자신의 역량강화를 위해 스스로 노력하고 성취를 이루었는가?
발전가능성 20%	다양한 여건 속에서 포기하지 않고 노력·발전하는 모습이 보이는가? 고등학교 생활 전반에 걸쳐 발전적 변화의 모습이 우수한가?
전공잠재력 25%	진로탐색을 위해 어떠한 노력을 하였고 그 성과는? 지원 전공 특성에 맞는 역량이 있는가?
학업능력 15%	대학 학업 이수에 필요한 기초 학업능력을 갖추고 있는가? 지원전공에 대한 이해와 학업능력은 어느 정도인가?
공동체 의식 및 협동능력 10%	인성 공동체 활동에서 나눔·배려·협력의 관계를 실천할 수 있는가? 고등학교 생활을 성실하게 수행했는가?

2) 2단계 면접 평가

자기주도성, 도전정신 40%	교내활동의 진정성, 활동을 통한 인재로서의 발전가능성
전공적합성 40%	지원 전공에 대한 이해도, 지원 전공과 관련한 학업능력 및 태도
인성 20%	지원자가 수행한 활동의 진실성, 면접 태도 및 의사소통 능력

2. 면접 평가 형식

제출서류를 토대로 수험생별 맞춤형 질문, 10분, 평가자 3인

3. 면접 평가 내용

- 서류(학생부, 자소서) 평가에서 면접 문항 추출
- 기록의 사실 여부 확인, 활동의 자기주도성과 도전정신을 바탕으로 발전가능성을 평가

4. 면접 대비 전략

- 학생부와 자기소개서에서 면접 문항을 추출한다.
- 어떤 활동을 했는가에 대한 형식과 내용보다는 자기주도성과 의미 부여가 중요하다. 즉 왜 그런 활동을 했는가에 대한 동기와 과정에서의 어려움 극복 과정 그리고 그 결과를 통해 배우고 느낀 점이 무엇이었는지가 중요하다. 나아가 그 활동이 전공과 어떤 관련성이 있고 앞으로 어떤 공부를 하고 싶은지 활동을 통한 성장과 확장성을 준비해야 한다.
- 프론티어전형에서 알 수 있듯이 도전정신과 자기주도성을 중시한다. 지금까지 활동한 성과에 연연하지 않고 고교생활을 바탕으로 대학 생활을 어떻게 해 나갈 것인지 진취적 태도와 발전가능성이 드러나도록 자신감 있는 태도로 면접에 임해야 한다.

5. 면접 예시 문항

- 지원자가 수행한 교내활동의 진정성 문항: ○○활동을 통해 배우고, 느낀 점에 대해 말해보세요. ○○활동이 특별히 본인에게 의미가 있

었던 이유를 말해보세요.

• 지원 전공에 대한 적합성과 발전가능성 문항: ○○전공과 관련하여 자신의 가장 우수한 (뛰어난) 역량은 무엇이라고 생각하는지, 어떠한 활동들을 통해서 그 역량을 키워왔는지 말해보세요.

• 지원자가 수행한 활동의 진실성과 의사소통 능력 문항: 주위 친구들과 협력하여 좋은 결과를 얻어 낸 적이 있다면 본인이 한 역할에 대해 말해보세요.

단국대학교 DKU인재(의학·약학계열, 문예창작과) 전형

1. 전형 방법 : 1단계 서류 평가로 3배수 선발 / 2단계 면접 평가 30% 반영

1) 1단계 서류 평가(입학사정관 2~3인 평가위원에 의한 다단계 종합평가)

• 평가 서류 : 학교생활기록부(교과, 비교과)

평가 요소	평가항목/비율	평가 내용
학업역량	학업성취도 20%	• 교과목의 학업성취도 수준 및 성적 추이 • 원점수, 평균, 표준편차, 수강자 수, 이수단위를 고려한 학업성취도
	탐구 능력 20%	• 교과 활동(발표·토론·보고서작성 활동 등)의 다양성, 적극성
전공적합성	전공의지 20%	• 지원 전공 관련 학업성취도 수준 및 성적 추이 • 원점수, 평균, 표준편차, 수강자 수, 이수단위를 고려한 학업성취도 • 지원 전공 관련 선택과목 이수 및 참여 현황
	전공 관련 활동 20%	• 지원 전공 관련 활동 다양성 및 심화·확장 노력
인성 및 발전가능성	성실성 및 공동체 의식 10%	• 출결상황 및 단체활동 참여 정도 • 나눔실천을 위한 지속적 봉사활동 참여 • 규칙·규정 준수 노력
	리더십 및 협업 능력 10%	• 교내(학생회, 동아리, 모둠, 학급 등) 활동에서 목표달성을 위해 주도한 경험 • 공동체의 목표를 달성하기 위해 협력하며, 구성원들과 합리적인 의사소통을 할 수 있는 능력

*평가등급: A+, A, B+, B, C, D, E

2) 2단계 면접 평가

평가 요소	평가항목	평가 내용
전공적합성 60%	전공의지 전공 관련 활동	• 지원 전공에 대한 관심과 열정 • 지원 전공 관련 활동참여 내용 우수 여부
발전가능성 30%	SW인재로서의 발전가능성	• 교내(학생회, 동아리, 모둠, 학급 등) 활동에서 공동체 목표 달성을 위해 주도한 경험 • 다양한 교내활동 참여를 통한 경험의 다양성 • 입학 후 SW인재로서 성장 가능성
인성 10%	성실성 및 공동체 의식 면접 태도	• 출결상황 및 단체활동 참여 정도 • 나눔실천을 위한 지속적 봉사활동 참여 • 규칙·규정 준수 노력 • 면접 태도의 성실성, 적극성

2. 면접 평가 형식

입학사정관 2~3인 방식, 7분 이내

3. 면접 평가 내용

• 서류를 기반으로 한 질의응답을 통하여 서류 사실 여부, 전공의지, 전공 관련 활동, SW인재로서의 발전가능성, 인성 등을 종합평가

4. 면접 대비 전략

• 학생부에서 지원 전공과 관련된 활동을 주로 묻고 있다. 학교생활 충실도와 전공에 대한 관심과 열정을 구체적으로 진솔하게 답변하는 것이 핵심이다.

• 전공적합성의 비율이 높다. 면접을 실시하는 교과가 무엇보다도 전공 수업을 성공적으로 진행할 수 있는 학업역량과 적성이 중요하기 때문

이다. 따라서 학과 지원의 동기는 기본이고 전공과 관련이 있는 교과 수업 내용과 창의적 체험활동을 정리해 두는 것이 좋다.

5. 면접 예시 문항

- 지원 전공에 대하여 관심을 가지게 된 계기는 무엇입니까?
- 무엇인가를 열심히 해서 목표를 이룬 경험이 있습니까?
- 동아리 활동하면서 힘들었던 점은 무엇이며 어떻게 극복했습니까?
- ○○봉사활동에서 주로 어떤 일을 했으며 배운 점은 무엇입니까?
- ○○전공에 지원한 동기는 무엇입니까?
- 희망 진로 탐색과정에서 어떤 노력을 해왔습니까?
- 학교생활 중 가장 열정적으로 임했던 교내활동은 무엇이며 이를 통해 어떤 점을 배웠습니까?

덕성여자대학교 덕성인재II 전형

1. 전형 방법 : 1단계 서류 평가로 4배수 선발 / 2단계 면접 평가 40% 반영

1) 1단계 서류 평가(입학사정관 2인 또는 3인으로 구성된 평가위원이 정성평가)

발전역량 40%	꿈을 이루기 위해 현재의 상황이나 수준보다 질적으로 더 높은 단계로 향상될 가능성(자기주도성, 자기성장 노력)
학업역량 35%	학업을 충실히 수행할 수 있는 능력(기초학습역량, 학업성취역량)
덕성역량 25%	공동체의 일원으로서 필요한 바람직한 사고와 행동(협업 및 소통능력, 성실성)

2) 2단계 면접 평가

서류내용의 사실 여부 50%	제출서류에 기반한 지원자의 다면적 활동 및 경험 확인
덕성역량 20%	지원자의 협업 및 소통능력, 성실성과 관련된 경험 확인
종합적 사고력 30%	면접 과정에서 파악할 수 있는 지원자의 다양한 시간 및 관점

* A+, A, A-, B+, B, B-, C+, C, D 평가

2. 면접 평가 형식
제출서류 기반 개별면접, 10분, 평가자 2인

3. 면접 평가 내용
- 학교생활기록부, 자기소개서를 기반으로 한 종합적 정성평가

- 서류 내용의 사실 여부, 제출서류에 기반한 지원자의 다면적 활동 및 경험 확인
- 제출서류에 기반한 지원자의 협업 및 소통능력, 성실성과 관련된 경험 확인
- 종합적 사고력-면접과정에서 파악할 수 있는 지원자의 다양한 시각 및 관점
- 의사소통 능력-면접과정에서 파악할 수 있는 면접 태도 및 의사표현력

4. 면접 대비 전략

- 학교생활기록부와 자기소개서의 내용에 대한 질의응답이 이루어지므로 제출서류에 대한 충분한 숙지 및 구체적인 답변 준비가 필요하다.

질문 예시
- ○○활동에서 맡은 역할에 대해 구체적인 사례를 설명해주세요.
- 수행평가 결과가 아쉬웠다는 것은 어떤 의미인가요? 이후 보완 노력은 무엇인지요?
- ○○분야의 독서를 꾸준히 해왔는데, 책을 통해 배운 점이 있다면?

- 면접 태도와 소통능력을 중시하기에 면접에 임하는 자세와 말하기 연습이 필요하다.
- 정성적 다단계 평가와 면접의 변수가 많아 최선을 다하면 합격 가능성이 높다.

5. 면접 예시 문항

- 사회 교과 수행평가로 다양한 인터넷 광고를 소개하는 발표를 진행한

적이 있는데, 인터넷 광고에 관하여 발표하게 된 이유는 무엇인가요?

- 인터넷 포털사이트의 사진 배너 광고와 동영상 배너 광고 중 어떤 것이 더 효과가 있다고 생각하나요?
- 2학년 독서시간에 읽었던 경제학 도서 읽기에서 소개한 내용은 무엇이었나요?
- 독서시간 발표 주제인 케인즈 경제논리를 바탕으로 뉴딜정책은 어떠한 특징이 있다고 생각하는지요?
- 우리는 행복한가라는 토론활동에서 지원자가 제시한 의견은 무엇이었나요?
- 해당 활동과 연계하여 이후 어떤 노력을 했나요?
- 모둠원들 참여를 독려하기 위해 노력한 경험 중 기억에 남는 사례를 소개해주세요.
- 리더의 책임감과 구성원 역할을 다하기 위해 본인이 노력한 부분은 무엇인가요?

동국대학교 Do Dream 전형

1. 전형 방법 : 1단계 서류 평가로 3.5~4배수 선발 / 2단계 면접 평가 30% 반영

1) 1단계 서류 평가(다수의 다단계 블라인드 평가)

학업역량 30%	기초학업역량, 학습의 주도성
진로역량 50%	전공수학역량, 전공관심도 및 진로탐색
인성 및 사회성 20%	역할의 주도성, 협업·소통능력

2) 2단계 면접 평가

전형 취지의 적합성 20%	주도적인 고교생활을 바탕으로 전공 분야에 대한 역량과 발전가능성 *불교추천: 건학이념, 고른기회통합, 특수교육대상자: 주어진 환경 극복
전공적합성 30%	기초학업능력 및 전공 관련 분야에 대한 관심도, 이해도
발전가능성 20%	문제해결 능력, 목표에 대한 의지 및 열정, 진로 계획
인성·사회성 30%	면접 태도, 공감능력, 의사소통 능력, 수용능력

2. 면접 평가 형식

- 제출서류 기반 개별면접, 10분, 평가자 2인
- 공통질문을 지양하고 개인 서류를 기반으로 한 개별질문
- 평가자들은 면접 고사 시행 전 면접 대상자의 서류를 파악한 후 면접을 진행

3. 면접 평가 내용

학교생활기록부와 자기소개서에 적혀있는 내용의 사실을 확인하는 서류 기반 일반면접이다. 사실 확인이라는 간단한 면접 질문에서 면접관이 원하는 답변은 "저는 그 경험을 통해 이렇게 성장했습니다."이다. 지원자가 어떤 경험을 했다는 사실은 학교생활기록부와 자기소개서에 기록이 되어있다. 따라서 면접관의 질문요지는 활동의 사실 여부 검증도 있지만 실제로 질문을 통해 알고 싶은 사실은 '왜 그 활동을 했고', '어떤 경험을 했으며', '그 경험을 통해 어떻게 성장했고', '앞으로의 발전가능성이 있는가'이다. 중요한 것은 동기, 과정, 결과, 성장 및 확장성이다.

실제 상황 예시(교과 활동에서 독서기록이 있을 경우)

면접질문 '미생물에 관한 거의 모든 것'이라는 독서활동이 있는데, 이 책에 대해 간단히 설명해주시겠어요?

- 아쉬운 답변: 그 책은 제가 3학년 때 읽은 책으로 저자는 존 잉그럼입니다. 미생물에 대한 흥미로운 내용이 많이 담겨있어 도움이 많이 되었습니다.
- 우수한 답변: 그 책은 동아리에서 했던 활동인 미생물 배양실험을 통해 미생물이라는 것에 매력에 느끼고 실험내용 중 궁금했던 사항을 알아보고자 선생님께 추천을 받아 읽게 되었습니다.

독서를 통한 경험, 전공 관심도 및 이해도 충족, 주도적인 문제해결 능력 확인 등의 질문에 어떤 답변을 하느냐에 따라 지원자의 경험의 깊이가 다르게 느껴진다. 질문에 대한 1차원적인 답변보다는, 답변에 '동기', '과정', '결과'가 들어가야 좋은 답변이 될 수 있다.

4. 면접 대비 전략

• 학교생활기록부의 모든 영역을 꼼꼼히 확인하고 면접 평가항목별로 질문을 준비한다. 동국대학교가 밝힌 전공적합성과 인성·사회성에 대한 질문을 학교생활기록부 내용에서 어떻게 준비해야 하는지를 아래에 제시한다. 아울러 학생부종합전형 가이드북에 학과별 면접 문항이 나와 있으니 이를 활용하여 면접 문항을 만들어 보는 것도 좋은 합격 전략이다.

영역	질문	좋은 준비	아쉬운 준비
진로활동	교내활동을 통해 지원 전공에 대한 진로탐색 노력을 기울였는가?	진로준비 노력과 해당 분야에 관심을 갖게 된 계기 및 동기를 질문과 답변으로 준비	학년별로 탐색한 관심 분야가 다른 경우, 그 사유와 계기에 대한 질문과 답변을 준비
자율활동, 동아리 활동	자율활동 및 동아리 활동 등에서 전공 관련 노력을 기울였는가?	전공과 관련된 모든 활동에 대한 질문과 답변을 준비한다. 그중에서도 특별했던 경험을 하나쯤 자세히 준비	자율활동 또는 동아리 활동 외에 전공을 위해 노력했던 활동에 대한 질문과 답변을 준비
교과학습 발달상황	전공과 관련된 선택과목을 이수했는가?	이수하게 된 계기, 그리고 이수한 과목에서 전공 관련된 학습경험에 대한 질문과 답변을 준비	선택과목을 이수하지 않았던, 혹은 못했던 이유와 부족한 부분을 채우려 노력했던 사항에 대해 질문과 답변 준비
세부능력 및 특기사항	수업 참여의 성실성이나 적극성이 잘 드러나는가?	수업 참여 내용 및 결과 등에 대한 질문과 답변을 준비	간접적으로 성실성이나 적극성을 보여줄 수 있었던 사례에 대한 질문과 답변을 준비
자율활동, 행동특성 및 종합의견	학급, 학교 등에서 1인 1역할, 임원 등 책임감을 갖고 수행한 역할이 있는가?	역할을 맡은 계기와 동기, 활동 경험에 대한 질문과 답변을 준비. 기억에 남는 경험 및 역할 수행과정에서 느낀 점에 대한 질문과 답변 준비	학급을 위해 봉사한 경험이 있다면 사례를 생각해보고, 활동 과정이 본인에게 어떤 의미가 있었는지 질문과 답변 준비

• 면접 질문은 학교생활기록부의 모든 영역에서 나올 수 있다. 전형의 취지, 전공적합성과 인성·사회성을 평가한다는 것을 염두에 두고 준비한다. 학교생활기록부의 항목별로 확인해보면 면접에 충분히 대비할 수 있는 좋은 질문을 준비할 수 있다. 면접이라는 자리는 생각할수록 막연하고 어렵게만 느껴질 수 있다. 하지만 모의 면접을 통한 많은 경험과 좋은 예상 질문, 그리고 좋은 답변이 준비되어 있다면 서류에서 미처 보여주지 못했던 지원자의 잠재력과 발전가능성을 평가자에게 어필할 수 있는 기회가 제공되는 것이니 자신감을 갖고 면접장으로 가자.

동덕여자대학교 동덕창의리더전형

1. 전형 방법 : 1단계 서류 평가로 3배수 / 2단계 면접 평가 50% 반영

(큐레이터학과, 디자인대학은 2단계 면접 60% 반영함)

1) 1단계 서류 평가

전공적합성 20%	전공 관심과 이해도, 전공 관련 활동 경험, 전공 관련 교과목 이수 및 교과 성취도 등
학업역량 20%	학업태도 및 의지, 학업성취도 및 향상도 등
발전가능성 30%	자기주도성, 자신감, 리더십 등
인성 30%	나눔과 배려, 공동체 의식, 협업, 성실성 등

*큐레이터학과, 디자인대학은 전공적합성과 학업역량이 30%, 발전가능성과 인성이 20%

2) 2단계 면접 평가

전공적합성 30%	전공에 대한 관심과 이해도, 전공 관련 활동 경험, 전공 관련 교과목 이수 및 교과 성취도 등
발전가능성 20%	자기주도성, 자신감, 리더십 등
사회적 공감력 20%	포용적 관계형성, 의사소통 능력, 면접 태도 등
인성 30%	나눔과 배려, 공동체 의식, 협업, 성실성 등

*큐레이터학과, 디자인대학은 전공적합성과 인성이 30%, 발전가능성과 사회적 공감력이 20%

2. 면접 평가 형식

제출서류 기반 개별면접, 10분, 평가자 2인

3. 면접 평가 내용

- 학생의 학교생활, 인성과 전공에 대한 의지 등을 다면적으로 확인하는 것으로, 고등학교 교과 지식과 직접적인 관련이 없음

4. 면접 대비 전략

- 서류 기반 면접으로 제출서류를 잘 분석하고 지원 학과와 관련이 깊은 활동의 동기와 과정 및 결과와 성장 등을 정리한다. 면접 문항이 평이한 수준이기에 미사여구와 그럴싸한 표현보다는 진정성과 성실함을 보여주는 것이 좋다.
- 학교생활기록부에서 교과별 세부 특기사항과 자율활동, 봉사활동, 동아리 활동, 진로활동 등에서 지원한 학과와의 관련성을 생각하여 예상 질문을 뽑고 모의 실전연습을 하는 것이 좋다. 면접 내용만이 아니라 면접 태도와 의사소통 능력 등 인성 요소가 평가 비율이 높은 편이다.

5. 면접 예시 문항

- 학과에 지원한 이유를 말해보세요.
- 대학 진학 이후 본인의 학업 계획을 말해보세요.
- 지원한 학과는 무엇을 배우는 곳인지 소개하고 본인의 적성과 연결해보세요.
- 고등학교 생활 중 리더십을 발휘한 경험이 있다면 소개해주세요.

- 가장 기억에 남는 봉사활동을 소개하고 그 활동에서 배운 점을 말해 보세요.
- 고교 시절 가장 힘들었던 일은 무엇이었으며 그것을 어떻게 극복하였는지 말해보세요.
- 최근 1년 동안 읽은 책 중에서 가장 기억나는 책을 소개하고 그 이유를 말해보세요.
- 20년 후 본인이 어떤 일을 하고 있을지 말해보고 그 꿈을 이루기 위해서 어떠한 노력을 할 것인지 말해보세요.

명지대학교 교과면접전형, 명지인재면접전형

1. 전형 방법

1) 교과면접전형:

- 1단계 서류 평가: 석차등급 정량평가로 5배수 선발
- 2단계 면접 평가: 30% 반영(면접위원 2명, 5분, 기초자료 기반 정성평가)
- 면접기초자료 작성(20분): A4용지 1장 분량(2~3문항)의 간략한 자기소개서 형태이며, 평가점수로 반영되지 않고 면접 참고자료로만 활용함

인성 35%	협업 능력 및 타인을 이해하고 배려하는 태도, 소통능력
전공적합성 35%	전공에 대한 관심과 이해, 전공 관련 활동과 경험
발전가능성 30%	자기주도성 및 도전정신

2) 명지인재면접전형

- 1단계 서류 평가: 입학사정관 2인이 정성평가로 4배수 선발

인성 20%	- 학교의 규칙과 원칙을 지키려는 태도 - 자신의 역할에 책임감을 갖고 끈기 있게 임하는 자세 - 공동의 목표를 위해 협동하여 자신의 역할을 다하는 자세 - 타인을 이해하고 배려하는 태도
학업역량 20%	- 교과목의 석차등급, 원점수, 교과목 이수현황 등에서 나타난 학업적 성취 수준 - 학업의 심화 및 확장 정도 - 학업 의지 및 노력 정도
전공적합성 30%	- 고교 교육과정 내에서 이루어지는 지원 전공 관련 이수 과목 및 과정 - 고교 교육과정 내에서 이루어지는 지원 전공 관련 학업 외적인 활동의 내용
발전가능성 30%	- 자신의 꿈을 위해 스스로 계획하여 추진해 나가는 태도 - 관심 분야에 대한 도전 과정 및 성취 수준 - 문제 상황에 직면했을 때 해결책을 가지고 극복하고자 노력한 경험

• 2단계 면접 평가: 30% 반영(면접위원 2명, 10분, 제출서류 기반 개별면접)

인성 30%	학교의 규칙과 원칙을 지키려는 태도 - 자신의 역할에 책임감을 갖고 끈기 있게 임하는 자세 - 공동의 목표를 위해 협동하여 자신의 역할을 다하는 자세 - 타인을 이해하고 배려하는 태도
전공적합성 40%	- 학업적 노력 정도 및 성취 수준 - 고교 교육과정 내에서 이루어지는 지원 분야 관련 학업 및 학업 외적인 활동의 내용과 성취 수준
의사소통 능력 30%	- 질문의 핵심을 분석하여 설득력 있게 표현하는 능력 - 전달하고자 하는 내용을 정확하게 표현하는 능력 및 태도

* A, B, C, D, E, F 6등급 평가

2. 면접 평가 내용

• 명지인재면접전형은 대학 교육과정을 이수할만한 기초학력이 있는 학생으로서 인성이 바르고 학교생활 충실도가 높으며 자기 주도적으로 자신이 지원하고자 하는 전공에 대한 열정을 가진 학생을 선발하는 데 초점을 두고 있다. 면접이 있는 전형의 가장 큰 특징은 자기소개서가 없다는 것이며, 서류평가 시 학교생활기록부만 평가 요소에 따라 종합적으로 평가한다. 면접일은 수능 이후라서 면접 준비에 부담이 적다.

• 교과 기본적인 학업역량을 갖추고, 면접을 통해 자신의 생각을 논리적이고 구체적으로 표현할 수 있는 학생, 학업역량이 다소 부족하더라도 잠재역량이 뛰어나며, 면접을 통해 자신의 역량을 보여줄 수 있는 학생에게 적합한 전형이다.

3. 면접 대비 전략

- 지원자의 제출서류 내용 확인을 바탕으로 이루어지므로, 본인의 제출 서류에 대한 충분한 숙지가 우선되어야 한다. 학교생활기록부를 꼼꼼히 읽고 예상 질문을 만들어 진실되고 충실한 답변을 준비한다.
- 지원 대학의 면접 형식과 방법을 확인하고 지원 학과(전공)에 대한 정보를 학교 홈페이지에서 찾아보고 면접 전에 숙지한다. 지원 동기, 학업 계획 등을 지원 학과와 관련 지어 설명하는 것이 좋다.
- 틀에 박힌 대답이나 추상적인 답변이 아니라 솔직하고 담백하게 자신의 이야기를 구체적으로 답변하는 것이 좋다. 질문의 의도를 정확하게 파악하여 답을 하도록 한다.
- 밝고 긍정적인 표정과 자신감 있는 태도 유지를 유지하는 것이 중요하다. 예상하지 못한 질문에도 당황하지 않고 침착하게 대답하고 부적절한 행동이나 과장된 몸짓을 피하는 것이 좋다.

4. 면접 예시 문항

1) 교과면접전형 평가

- 지원자가 지원한 학과(학부/전공)에 입학하여 두각을 나타낼 수 있는 이유를 서술하시오.
- 지원자가 이룬 성취 중 가장 자랑스러운 것은 무엇이며, 이를 통해 느낀 점을 서술하시오.
- 지원한 학과와 관련한 독서 활동 중 가장 인상 깊었던 내용과 그 이유를 서술하시오.
- 리더십을 가장 잘 발휘한 활동을 구체적인 예를 들어 서술하시오.

- 지원한 학과(학부/전공)와 관련한 학습 중 가장 흥미로웠던 분야와 내용을 구체적으로 작성하고, 이 분야가 가장 흥미로웠던 이유를 기술하시오.
- 지원한 학과와 관련하여 대학에서 가장 필요한 능력은 무엇이며, 이를 향상시키기 위해 고등학교 재학시절에 어떠한 노력을 기울였는가를 구체적으로 기술하시오.
- 지원한 학과(학부, 전공)에서 관심 있게 공부하고 싶은 분야와 이유를 기술하시오.
- 지원자가 성실하게 꾸준히 수행했던 일과 이를 통해 느낀 점을 기술하시오.
- 대학 졸업 후 사회에 어떠한 기여를 하는 인재가 되고 싶은가를 기술하시오.

2) 명지인재면접전형 평가

- 학급자치회 부회장으로서 모두의 의견을 반영하기가 어려웠을 텐데, 어떻게 모든 친구들의 의견을 반영할 수 있도록 했는지 그 사례를 구체적으로 말해볼래요?
- 동아리 활동에서 토론 주제 중에 가장 기억에 남는 주제는? 그리고 그 주제가 가장 기억에 남는 이유는 무엇인가요?
- 토론 주제에 대한 주장을 뒷받침하는 근거를 찾을 때 주로 어떤 매체를 활용하였나요? 그 이유는 무엇인가요?
- 동아리 시간에 관심 있는 실험을 많이 진행했는데, 그 과정에서 배운 점이 무엇인가요?
- 저희 학과를 지원하는 데 있어 동아리 활동이 어떤 영향을 미쳤나요?

- 진로 독서 시간에 읽은 책 중에 관심 분야와 관련하여 어떤 지식을 쌓을 수 있었나요?
- 관심 분야 책을 선정하는 기준은 무엇인가요?
- 본인이 궁금한 점을 해결하는 데 이 책의 독서가 어떤 영향을 주었나요?
- 본인이 선택한 과목이 진로와 어떤 연계가 있었나요?
- 실용 영어 시간에 대본을 작성하여 발표하였는데, 발표 내용이 어떤 내용이었나요? 그 과정을 설명해보세요.
- 조별 활동 시간에 아이디어가 채택되었다고 하는데, 어떤 아이디어였나요?
- 학교생활 중 책임감 있게 행동한 일은 무엇인가요? 그 일을 통해 배운 점은 무엇인가요?

부산대학교 학생부종합 지역인재전형(의예과 제외)

1. 전형 방법 : 1단계 서류 평가로 3배수 선발 / 2단계 면접 평가 20% 반영

1) 1단계 서류 평가(2인으로 구성된 평가위원이 종합적 정성평가)

학업역량 40%	교과의 학업성취도(국어, 수학, 영어, 사회, 과학, 한국사) 교과학습발달상황, 인적·학적사항, 교과 선택 및 이수 노력, 학업태도 및 탐구 능력
진로역량 40%	전공(계열) 관련 교과 이수 노력 및 학업성취도, 전공(계열) 관련 학업태도 및 탐구 능력, 교과 외 활동 중 자기계발 노력
사회역량 20%	협업 능력과 리더십, 의사소통 능력, 공동체 의식, 성실성과 규칙준수

※ 평가척도 : A+, A, B+, B, C, D 6등급 평가

2) 2단계 면접 평가

진로역량	지원계열 관련 자기 주도적 학업역량, 모집단위에 대한 관심과 열정, 지원계열 관련 탐구노력, 창의성, 독창성 면접
사회역량	배려심, 리더십, 협동심, 봉사심 등 공동체 의식, 논리적 의사 표현 능력, 도덕성, 윤리성, 긍정적 가치관

2. 면접 평가 형식

다수의 평가자 심층면접, 10분 내외

174

3. 면접 평가 내용

2인의 면접관이 블라인드 처리된 지원자의 제출서류를 바탕으로 충실한 학교생활을 기반으로 한 학업 열정과 모집단위 특성에 부합하는 잠재력을 지닌 인재를 선발하기 위한 심층면접

4. 면접 대비 전략

- 의예과와 정보컴퓨터공학과가 아닌 학과의 경우 제출서류 즉 학생부 기반 면접이므로 자신의 고등학교 생활을 잘 알고 대비하여 성실하게 답변을 하면 되는 형태이다.
- 면접 평가 영역 중 눈에 띄는 것은 창의성, 독창성, 성장 노력과 자기주도성 등은 결국 다른 사람이 아니라 자신의 이야기를 하라는 의미이다. 특별하고 대단한 이야기를 하라는 것이 아니라 솔직함과 절실함을 답변에 담아내면 된다고 생각하고 대학 합격의 의지를 진성성 있게 전달하도록 한다.
- 모집단위에 대한 관심과 열정은 전공적합성과 관련이 있는 평가 기준이다. 고교생활을 지원 학과와 연결하여 지원 동기, 학업 계획, 진로 계획은 필수 준비사항이다. 대학 합격 이후 어떤 공부를 할 것인지, 그것을 위해 어떤 학습과 경험을 쌓아왔는지를 답변하면 된다.
- 사회적 역량은 학교생활의 충실성을 바탕으로 인성을 평가하는 것이다. 비언어적인 면접 태도와 의사소통 능력을 기본으로 공동체 의식과 협업 능력을 묻는 것이니 당황하지 않고 담담하게 자신의 이야기를 풀어가면 된다.

5. 면접 예시 문항

- ○○○○ 꿈을 이루기 위해서 어떤 노력을 해왔는지 말해보세요.
- 블록체인을 통해 상벌점 마일리지 시스템을 계발했다고 했는데 어떤 프로그램을 사용했는지 말해보세요.
- 상벌점 마일리지 시스템이 블록체인과 어떤 관련성이 있는지 설명해 보세요.
- 수업시간에 ○○○○를 발표하여 친구들에게 큰 호응을 얻었다고 했 는데 어떤 내용인지 말해보세요.
- C언어로 만든 프로그램 중에 가장 기억에 남는 프로그램이 있다면 말 해보세요.
- 동아리 부장을 하면서 기억에 남는 일과 어려웠던 점을 어떻게 극복 했는지 말해보세요.

삼육대학교 일반전형(학생부교과) / 세움인재(학생부종합)

I. 전형 방법

1) 일반전형 : 1단계 서류 평가로 5배수 선발 / 2단계 면접 평가 40% 반영

- 1단계 - 학생부성적: 교과(80%)+출결(10%)+봉사(10%)
- 2단계

기본 소양 60%	사회성, 성실성, 문제이해력, 어휘력, 태도
전공소양 40%	전공에 대한 관심과 이해도, 전공 선택 동기

2) 세움인재 : 1단계 서류평가로 4배수 선발 / 2단계 면접 평가 40% 반영

- 1단계 - 학생부, 자기소개서로 종합적으로 정성평가

학업역량 20%	학업성취 수준, 자기 주도적 학습태도, 탐구활동
전공적합성 30%	전공 관련 교과목 이수 및 성취 수준, 전공에 대한 관심 및 이해도, 전공 관련 활동과 경험
발전가능성 30%	창의적 문제해결력, 지적 호기심, 도전정신, 리더십
인성 20%	협업 능력, 나눔과 배려, 성실성, 봉사

- 2단계

전공적합성 40%	전공에 대한 관심 및 이해도, 전공 관련 활동과 경험, 학업 의지
발전가능성 40%	창의적 문제해결력, 지적 호기심, 도전정신, 리더십
인성 20%	협업 능력, 나눔과 배려, 성실성, 봉사

2. 면접 평가 형식
- 일반전형: 제시문(인성 관련 문항) 답변 및 개별질문 7분 이내
- 세움인재: 서류(학생부, 자소서) 확인 면접, 개별질문 8분 이내

3. 면접 평가 내용
- 일반전형: 제시문을 통해 면접을 진행. 교과 외 인성 및 전공적합성 면접. 수험생이 제시문을 읽고 주질문에 대해 간략하게 답변하면 면접관이 심층질문을 하면서 평가
- 세움인재: 학생부와 자소서를 확인하는 인성면접. 서류에 나와 있는 학생의 활동을 확인하면서 전공적합성과 인성 관련 질문을 통해 수험생을 평가

4. 면접 대비 전략
- 일반전형의 경우 인성면접 형태이다. 면접 고사 질문은 고교 수준을 벗어나지 않도록 하고 문항의 내용은 주로 인성과 관련된 개인의 경험을 진술하거나 자신의 의견을 밝히는 정도의 수준이다. 심층질문은 전공적합성과 성장잠재력을 파악하기 위한 목적이다. 대학교에서 「선

행학습영향평가 자체평가 보고서」에서 밝힌 면접 문항을 참고하는 것이 필요하다.

• 세움인재 전형의 경우 학생부를 기반으로 한 사실 확인 면접, 인성 면접 형태이다. 학생부에 기록된 내용을 각 영역별로 질문을 만들어 보고 답변해 보면 된다. 교과 내용보다는 인성과 전공적합성을 파악하려는 의도이다. 예를 들면 "학교나 학급에서 자신에게 맡겨진 일을 가장 만족스럽게 수행한 경험을 말해주세요.", "적극적으로 참여한 동아리가 있나요?, 그 동아리는 어떤 활동을 하였는지 설명해주세요.", "학급에서 친구들과 의견대립이 있었을 때 그 문제에 대해 고민하고 문제를 해결한 경험을 말해보세요." 등 자신의 경험을 진솔하게 답변하고 대학 진학 후 전공 관련 공부를 열심히 하겠다는 의지를 간명하게 밝히는 것이 좋다.

상명대학교 상명인재전형

1. 전형 방법 : 1단계 서류 평가로 3배수 선발 / 2단계 면접 평가 30% 반영

1) 1단계-학생부를 바탕으로 종합적으로 정성평가

인성 25%	성실성 및 공동체 의식
전공적합성 50%	학업역량(20%) 대학에서 학업을 할 수 있는 기초학업능력
	전공적성(30%) 전공에 대한 관심 및 노력
발전가능성 25%	자기주도성 및 도전정신

2) 2단계-면접 평가

인성 25%	공정함, 비판정신, 공동선 추구, 합리적 문제해결 능력 타인존중, 배려, 공감과 수용, 소통능력, 협동 등
전공적합성 50%	전공에 대한 관심과 열정 지원 동기 및 진로 계획의 적절성 논리적 사고력, 창의적 문제해결 능력 등
발전가능성 25%	목표의식, 독립성, 모험심 계획성, 자기관리 능력, 지속적 실천능력 등

2. 면접 평가 형식

서류 기반 개별면접, 10분 내외, 평가자 2인

3. 면접 평가 내용

- 학생부를 활용하여 서류 내용을 확인하고 수험생을 종합적으로 정성 평가
- 수험생의 인격적 정체성 및 사회적 정체성, 전공적성, 전공기초 소양, 자기주도성 및 도전정신을 알아보기 위해 학생부에서 질문을 뽑고 답변을 통해 수험생을 평가

4. 면접 대비 전략

- 크게 다음 3가지 질문에 긍정의 대답을 하고 그 근거를 학생부에서 찾아 면접관을 설득시킨다는 생각으로 답변을 준비한다.
  - 학생은 올바른 품성과 성실함을 바탕으로 배우고 실천하는 사람인가요? 그 근거는?
  - 전문지식과 글로벌 역량을 계발하여 창의적으로 문제를 해결하는 사람인가요? 그 근거는?
  - 열린 마음으로 솔선수범하여 자신의 미래와 사회 발전을 위해 노력하는 사람인가요? 그 근거는?
- 전공적합성의 비중이 가장 높다. 전공에 대한 관심과 열정을 교과 활동과 비교과 활동에서 찾아보고 미리 질문을 만들고 답변을 한다. 전공 지원 동기는 기본이고 학과 홈페이지를 통해 전공에 대한 기초 지식을 미리 숙지한다.
- 인성을 중시하는 면접이다. 최고점 100점과 최저점 40점의 차이가 크고 서류와 면접의 정성적 평가가 맞아 면접에서 교과성적이 불리함을 만회할 수 있다.

성결대학교 SKU창의적인재 전형

1. 전형 방법

1) 1단계-서류 평가로 6배수 선발

2) 2단계-면접 평가 60% 반영

면접 평가 결과 수학능력이 현저히 부족하다고 판단되면 불합격 처리를 할 수 있음

평가 방법	평가 영역
조별 토론 면접 (1개조: 2~4명)	주제의 이해력, 주장의 논리력, 언어구사능력, 성실성(태도)

2. 면접 평가 형식

- 조별(3~4명) 토론 면접으로 하나의 주제에 대한 찬반 의견을 면접위원 앞에서 구술
- 예시: [대기실] 조별 수험생 1인이 문제번호 추첨 → [1차 고사장] 토론 준비 / 메모 정리(7분 내외) → [2차 고사장] 찬반 의견으로 자유토론(1인당 2분 내외 총 8분)

3. 면접 평가 내용

- 조별 대표자가 문제번호 추첨
- 단순 교과 지식 측정을 위한 문제 출제는 없음
- 면접 시간은 8분이며 면접 고사 전 답변 준비 시간을 별도로 부여

- 면접 고사 전, 토론주제에 대한 답변 준비 시간 부여(A4용지 메모 가능)
- 면접 고사장으로 이동 후 구술 면접 진행
- 모든 면접은 토론 면접 형식으로만 진행되고 개인면접은 없음

4. 면접 대비 전략

- SKU창의적인재전형 면접(실기)고사는 고교 교육과정에서 요구하는 수준의 사고력, 논리성, 의사소통 능력 등을 확인하기 위한 질문을 한다.
- SKU창의적인재전형은 시사상식 주제에 관하여 지원자들이 토론 면접을 하도록 진행되었다. 제시된 시사상식 문제는 일반적인 주제로서 고등학생 상식 수준에서 충분히 답할 수 있는 문제이다. 전년도 SKU 창의적인재전형 문제를 사전에 공개하므로, 수험생이 대비할 시간이 충분하다.
- 조별 토론 면접이므로 우선 자신의 주장을 명확하게 정리해야 한다. 시사적인 문제에 대해 찬성 또는 반대의 명확한 이유를 제시해야 한다. 찬반 입장을 주장하는 힘 있는 근거를 제시하는 것이 중요하다. 아울러 상대방의 의견을 경청하는 태도도 중요하다. 토론에 적극적으로 참여하되 논리성을 유지하고 면접자로서의 기본 자세를 끝까지 유지하는 것이 중요하다.

5. 면접 예시 문항

- 코로나19 사태가 전 세계적으로 유행하고 있는 상황입니다. 바이러스가 유입, 유출되지 않도록 강력한 국경 봉쇄가 필요했다고 생각하는지 찬성과 반대 의견으로 토론해주세요.

- 최근 우리 나라에서도 난민 수용에 대한 요구가 증가되고 있습니다. 난민 수용 문제에 대해 찬성과 반대 의견으로 토론해주세요.
- 인터넷 실명제에 대해 찬성과 반대 의견으로 토론해주세요.
- 코로나19 이후에도 온라인 학교 수업을 일정 부분 유지해야 한다는 주장에 대해 찬성과 반대 의견으로 토론해주시기 바랍니다.
- "반려동물 보유세"를 도입해야 한다는 주장에 대해 찬성과 반대 의견으로 토론해주시기 바랍니다.
- 동물원을 폐지해야 한다는 주장에 대해 찬성과 반대 의견으로 토론해주시기 바랍니다.

서울과학기술대 학교생활우수자 전형

1. 전형 방법 : 1단계 서류 평가로 3배수 선발 / 2단계 면접 평가 30% 반영

1) 1단계-서류 평가(학생부를 토대로 다단계 종합평가)

학업역량 28%	학업성취도, 학업태도와 의지, 탐구활동
전공적합성 32%	전공 관련 교과목 이수 및 성취도, 전공 관심과 이해도, 관련 활동과 경험
인성 15%	도덕성과 책임감, 협업·소통 능력, 나눔과 배려
발전가능성 25%	창의적 문제해결력, 자기주도성, 경험의 다양성

2) 2단계-면접 평가

인성 및 의사소통 능력 15%	규율과 원칙을 준수하며 책임감을 가지고 자신의 의무를 다하는 태도 다른 사람의 의견을 경청하는 대도 자신의 생각을 효과적으로 전달하는 능력
논리적 사고력 20%	자신의 주장에 객관적 근거를 제시하는 능력 문제의 원인을 파악하고 해결방안을 수립하는 능력 주어진 정보를 분석하여 새로운 결과를 추리하는 능력
전공적합성 40%	지원 전공에 대한 정확한 이해 대학에 입학하여 지원 전공을 수학하는 데 필요한 기본 지식 전공 분야에 대한 학문적 관심과 이를 충족시키기 위한 노력
발전가능성 25%	주어진 환경을 이해하고 활용하여 논리적인 사고로 문제를 해결하는 능력 다양한 분야에 관심을 가지고 배우려고 노력하는 자세 지적 호기심을 바탕으로 궁금증을 해결하기 위해 끊임없이 노력하는 태도

2. 면접 평가 형식
다수의 의원이 제출서류 기반 개별면접, 10분, 평가자 2인

3. 면접 평가 내용
- 학생부를 바탕으로 전공적합성과 발전가능성을 알아보는 질문과 답변으로 면접자를 평가
- 학생부 교과 활동 기록, 비교과 활동에서 전공과 관련한 질문으로 면접자의 활동 동기와 과정 그리고 성장을 통한 발전가능성을 파악하기 위해 추가 질문

4. 면접 대비 전략
- 서류 기반 면접이기에 우선 학생부 기록에서 특히 전공 관련 활동 문제를 만들고 대답을 준비한다. 1회성 질문이 아니라 꼬리에 꼬리를 무는 추가 질문으로 면접자의 소통 능력과 논리적 사고력을 평가한다.
- 자신이 제출한 서류 내용을 기반으로 논리적이고 차분하게 답변한다. 예상 질문에 대한 답변을 작성하고 미리 연습을 통해 자신감 있는 면접 태도와 표현력을 기르는 것이 필요하다.
- 면접에서 1단계 점수를 역전하여 합격하는 사례가 많다. 전공에 대한 깊이 있는 사고가 아니라, 대학에서 전공을 공부할 수 있는 기본 소양과 전공에 대한 관심을 보여주면 된다.
- 두괄식으로 답변하고 그렇게 답을 하게 된 설득력 있는 근거를 제시하는 연습이 필요하다. 화려한 언변과 내용보다는 자신의 생각을 소신 있게 말하고, 진실된 태도로 면접에 임하는 것이 중요하다.

5. 면접 예시 문항

- 자기 소개나 지원 동기 준비한 것 말해보세요.
- 학생의 특성이 진로를 결정하는 데 어떤 관련성이 있는지 말해보세요.
- 이항분포와 정규분포의 관계를 설명해보세요.
- ○○ 교과 우수상을 수상했는데, 어떻게 공부를 했는지 말해보세요.
- 학교에서 봉사활동을 한 내용을 말해보세요.
- 생산관리자가 되고 싶은 이유를 말해보세요.
- 마지막으로 하고 싶은 말이 있으면 해보세요.

서울교육대학교 학생부종합(교직적성, 사향인재)전형

1. 전형 방법 : 1단계 서류 평가로 2배수 선발 / 2단계 면접 평가 50% 반영

1) 1단계-서류 평가

(제출서류를 복수의 평가위원이 교직인성과 교직적성을 종합적으로 정성평가)

학업역량 40%	• 고교 교육과정에서 이수한 전체 교과목의 학업성취 수준 • 교과목 이수 현황과 학업 발전의 정도 • 학업을 수행하는 과정에서 나타나는 자발적인 의지와 태도
전공적합성 30%	• 고교 교육과정에서 지원 전공과 관련된 교과목을 수강하고 취득한 학업성취 수준 • 지원 전공에 관심을 가지고 노력한 활동 과정과 경험의 성과
발전가능성 20%	• 목표를 설정하고 적극적·주도적으로 실행하는 태도 • 학교 교육의 다양한 영역에서 직접 경험하고 활동하면서 얻은 성장 과정 및 결과 • 창의적이고 논리적인 사고로 문제를 해결하는 능력
인성 10%	• 책임감을 바탕으로 꾸준히 노력하여 자신의 의무를 다하는 태도와 행동 • 공동체 내에서 함께 돕고 함께 생활할 수 있는 역량 • 타인을 위하여 기꺼이 봉사하고자 하는 태도와 행동

2) 2단계-면접 평가

교직인성	• 전념하는 인재 인성(Character) : 성실하고 정직한 성품, 공감하고 배려하는 마음, 공동체 의식
교직적성	• 개방적인 인재 의사소통(Communication) : 자기표현 역량, 대인관계 역량, 리더십 • 도전적인 인재 코칭(Coaching) : 종합적 사고 역량, 공감적 이해 역량, 문제해결 역량
교직교양	• 전문적인 인재 창의성(Creativity) : 자기 주도적 문제해결 역량, 다각적 사고 역량, 비판적 사고 역량, 확장적 사고 역량 • 융합(Convergence) : 인문학적 소양, 시사 이슈에 대한 이해, 지식정보처리역량

2. 면접 평가 형식

제출서류 기반 개별면접, 15분 내외, 평가자 2인

3. 면접 평가 내용

- 지원자의 교직에 대한 교양, 적성, 인성을 평가하기 위해 시행
- 면접 문항은 고교 교육과정의 범위와 수준에서 지식의 유무를 확인하는 질문을 지양
- 단순 지식이나 획일적 정답이 아니라 지원자의 제시문에 대한 이해력, 문제해결을 위한 종합적 사고력 및 자기 생각을 논리적이고 타당하게 답변할 수 있는 소통력 등을 평가

4. 면접 대비 전략

- '인격과 역량을 겸비한 초등교육의 핵심 리더 양성'이라는 비전을 전념(Commitment)하는 인재, 개방(Openness)적인 인재, 전문

(Professionalism)적인 인재, 도전(Enthusiasm)적인 인재로 제시하고 있다. 그리고 이를 구체화하여 제시한 인성(다양한 자기성찰의 기회를 통해 인성 함양과 건전한 교육관 확립), 융합(STEAM 기반 교육과정 운영을 통한 학문 간 상호 이해와 융합 능력 함양), 창의성(다층적 현장 학습을 통한 실질적 문제해결 능력을 배양하고 사고의 유연성과 탄력성 함양), 코칭(교육자와 피교육자 간의 수평적 관계를 바탕으로 안내자이자 협력자로서의 수업능력 제고), 의사소통(의사소통을 촉진하는 체험프로그램을 통해 예비교사들의 소통능력 제고)을 이해하는 것이 기본이다. 학교 입학처 홈페이지에서 안내하고 있는 사항을 이해하는 것이 필요하다.

• 수시 전형의 '사향인재추천 전형 외 전형 면접'은 응시자의 인원을 오전 면접과 오후 면접으로 나누어 개별 심층면접으로 진행되었다. 면접 평가 문항은 '교직 교양' 문항과 '교직 적성' 문항으로 구성되어 있다. '교직 교양' 문항과 '교직 적성' 문항 모두 글이나 그림 등을 포함하는 제시문을 보고 2개의 하위 문항에 답하도록 출제하였다.

• '사향인재추천 전형'은 오전과 오후에 걸쳐 각각 개별 심층면접과 과제발표 면접으로 진행되었다. 심층면접은 예비교사로서 지원자의 자질을 평가하기 위해 도전 의식, 자기 계발, 공동체 의식, 글로벌 교사상과 관련된 4개의 문항에 대하여 학교생활기록부 내용과 관련된 질문으로 구성되어 있다. 과제발표 면접은 주어진 과제에 대해 30분 동안 미리 준비하여 5분간 발표하고 5분간 면접관의 질의에 응답하는 형식으로 진행되었다. 심층면접은 지원자의 학교생활이나 사회 또는 삶에 관한 생각을 기반으로 한 문항이고 과제발표 면접은 사고력, 창의적인 문제해결 역량, 소통역량 등을 평가하는 문항이었다.

5. 면접 예시 문항

• 새로운 일에 열심히 참여했는데 성과가 안 좋아서 마음이 힘든 상황이다. 이때 자기 자신에게 하고 싶은 한마디를 제시하고, 그 이유를 말하시오.

• 내가 생각하는 '성공적인 삶'을 정의하고, 이런 삶을 이루기 위해 대학 생활에서 어떤 노력을 기울일지 말하시오.

• 소외당하는 친구가 없는 학급을 만들기 위해 노력했던 자신의 경험을 말하시오.

• 인류가 직면한 문제를 한 가지 제시하고, 그 문제를 해결하기 위해 대학 생활 동안 자신이 국내외에서 실천할 수 있는 일이 무엇인지 말하시오.

서울대학교 지역균형선발전형, 일반전형

1. 전형 방법

1) 지역균형선발전형
- 고등학교별 2명의 추천 인원에 대해 서류평가와 면접으로 합격자를 선발
- 학생부와 자소서 및 학생 제출 자료를 통해 학업능력과 학업태도, 학업 외 소양을 종합적으로 평가함
- 고교 추천 대상자를 2단계 면접 평가

2) 일반전형
- 1단계 서류 평가로 2배수를 선발 / 2단계 면접 50%(사범대학, 음악, 미술대학 등 대학별 1단계 평가와 면접의 비율이 다름)

2. 면접 평가 형식
- 지역균형선발전형: 제출서류 기반 개별면접, 10분 내외, 다수 평가자
- 일반전형: 제시문 기반 면접, 제출서류와 제시문을 활용하여 지원자의 학업과 학업 외 소양을 복수의 평가자가 종합적으로 평가함. 대학별로 면접 평가 내용과 답변을 준비하는 시간 및 면접 시간에 차이가 있음. 지원자의 정확한 확인과 대비가 필요

3. 면접 평가 내용

- 학생부 기반 면접은 제출서류를 기반으로 질문을 만들고 학생의 답변으로 '학업능력, 학업태도, 학업 외 소양'을 평가한다.
- 서류를 면밀하게 분석하여 학생의 역량과 태도를 종합적으로 평가하고 면접은 학생이 제출한 서류에서 발견하지 못한 역량을 확인하기 위해 이루어진다.
- 서류 평가와 면접 평가의 영역은 같고 상호 연관성이 매우 높다.

학업능력 및 학업태도	• 교과 이수 상황 및 학업 준비도 • 글쓰기, 발표, 토론 등 지식 습득 과정 및 활용 경험 • 학습 과정에서 나타나는 논리력, 분석력, 사고력 • 탐구 능력, 지식 적용 능력, 문제해결력, 의사소통 능력 • 지적 호기심을 바탕으로 수행한 학업 경험 및 열의 • 능동적 학습 태도 및 탐구력 • 도전정신, 회복탄력성, 과제탐구력, 추진력, 지속성 등 • 다양한 학습 방법을 활용한 다면적 학업태도
학업 외 소양	• 공동체 의식, 책임감, 협업 능력, 배려심 • 리더십, 긍정적 자세 및 포용력 • 성숙한 태도, 다양한 경험에 대한 적극성
기타	• 학생부 기록에 대한 사실 여부 확인 사항을 질문에 활용

4. 면접 대비 전략

- 학생부 기반 면접은 제출한 서류를 기반으로 수험생이 고교생활에서 자기 주도적으로 노력하여 성장한 내용을 확인하기 위함이다. 고등학교 교육과정 내에서 학생의 성장 과정을 학생부에서 발견하고 면접을 통해 확인하여 합격자를 선발한다.
- 서울대학교는 고교 교육과정과 대입과의 연관성을 중시하고 학교와

학생이 궁금해하는 학생부종합전형이나 면접 평가 등에 대한 실질적인 자료를 고등학교와 공유하고 있다. 수험생은 이를 적극적으로 활용할 필요가 있다.

- 시중에 나와 있는 서울대 자료는 너무나 많고 다양하다. 사교육 기관에서도 많은 자료를 축적하고 있다. 대입 면접도 자기 주도적으로 성장할 수 있는 좋은 기회이고 고교 교육과정의 연장선이다. 단순하게 합격과 불합격으로 생각하기보다는 수능 이후에 자신의 학업역량과 의사소통역량 등을 기르는 발판으로 생각하고 면접을 준비할 필요가 있다.

서울시립대학교 학생부종합I(면접형) 전형

1. 전형 방법 : 1단계 서류 평가로 3배수 선발 / 2단계 면접 평가 40% 반영

1) 1단계-서류 평가(입학사정관 2인 또는 3인으로 구성된 평가위원이 정성평가)

학업역량 30%	• 주요 교과 학업성취도 및 성적 추이 • 전공 관련 교과 학업성취도 및 성적 추이 • 주요 교과의 이수 상황 및 심층 내용 • 교과 관련 교내 수상실적 • 학업에 기울인 노력과 학습 경험
잠재역량 50%	• 전공 관련 활동 실적의 우수성, 지속성, 다양성 • 진로분야 및 전공영역에 대한 열정과 이해 수준 • 학교 교육활동을 통한 자기 주도적인 참여 수준 및 탐구활동 • 자기주도성, 충실한 진로 계발에 대한 노력
사회역량 20%	• 나눔, 배려, 공동체 의식, 리더십, 성실성, 서류의 진실성 등 • 협력 등 팀워크 사례 • 봉사활동 등 공동체 발전을 위하여 공공의 이익을 중시한 사례 등

2) 2단계-면접 평가

학업역량 14% (서류평가 21%)	• 고교 기초학업능력: 대학 학업 수행의 기초가 되는 고등학교 교과 학업성취도 • 대학 전공 기초소양: 고교생활을 통해 진로 및 전공분야 탐구에 대하여 학습한 경험 및 교육활동 실적
잠재역량 16% (서류평가 24%)	• 다학제적 전공수학 열의, 지원 동기 • 학업 계획과 관련된 교과 및 비교과 활동 간의 연계성 및 심화학습 수준 • 통합적인 문제해결 역량: 전공과 직·간접적으로 관련된 문제를 탐구하고 대안을 제시한 경험 및 활동 실적
사회역량 10% (서류평가 15%)	• 공동체 및 시민윤리의식: 공동체 발전을 위하여 개인의 유익보다 공공의 이익과 공적윤리를 중시하는 태도와 행위 • 협동학습능력: 타인과 협력함으로써 결여된 것을 보완하여 성과를 산출하는 팀워크

2. 면접 평가 형식

제출서류 기반 개별면접, 15분, 평가자 2인

3. 면접 평가 내용

• 대학이 선발하고자 하는 인재상에 부합하는 인재인가를 평가. 학종 선발 인재상은 진리, 창조, 봉사에 조응하여 학업역량, 잠재역량, 사회역량을 고루 갖춘 인재인가를 질의 응답으로 평가

• 지원자의 종합적 사고력, 문제해결 능력, 의사소통 능력, 공적 윤리의식, 서류의 사실 여부 확인 등을 종합적으로 평가

4. 면접 대비 전략

• 지원하는 학과의 인재상을 대학이 밝히고 있다. 자신이 지원하는 학

과의 인재상을 사전에 숙지하는 것이 필요하다. 예를 들어 행정학과의 인재상은 다음과 같다.

- 기초 및 탐구 교과(사회 및 국어)의 성취도가 우수한 학생
- 사회문제와 공동체 가치에 대한 관심이 높고 사회현상에 대한 분석적·비판적 사고력을 바탕으로 자신의 미래를 적극적으로 개발하려는 의지가 강한 학생
- 원활한 의사소통 능력과 갈등에 대한 이해 및 조정 능력을 갖춘 학생

- 제출서류를 기반으로 수험생의 역량을 깊이 있게 확인한다. 서류 내용을 확인하는 것이 기본이다. 서류 내용을 바탕으로 꼬리에 꼬리를 무는 심층질문이 이어진다. 학생의 답변을 통해 고교 교육과정에 얼마나 충실했는지를 확인하고 검증한다.
- 지원한 전공과 관련한 교과목을 충실히 이수하여 대학 진학 이후에도 학업을 할 수 있는지를 평가한다. 학과에 대한 이해를 바탕으로 고등학교에서 배운 교과목의 핵심 개념을 이해하는 것이 필요하다.
- 공공성을 강조하는 대학이기에 고교생활에서 보여준 학생의 성실성과 자기주도성, 적극적인 생활 대도와 협업 활동, 공동체에서 보여준 학생의 역할을 중시하니 이에 대한 대비가 필요하다.

5. 면접 예시 문항

- 세무 분야에 관심을 갖게 된 계기가 무엇인지 말해보세요.
- 롱텀케어에 관한 『타임』 기사를 읽었다고 했는데 어떤 내용인지 말해보세요.
- 빅데이터에 관심이 많은 것 같은데, 관련 사례를 말해보세요.
- 동아리 부장을 하면서 활동 내용을 학교에 홍보한 방식을 말해보세요.

- 학급 반장을 하면서 가장 어려웠던 일은 무엇인지 말해보세요.
- 우리 학교 공간정보공학에 관심을 갖게 된 계기가 무엇인지 말해보세요.
- 학생부 내용이 우리 학과와 관련이 적은 것 같은데 학과 지원 동기를 말해보세요.

서울여자대학교 바롬인재면접전형

1. 전형 방법 : 1단계 서류 평가로 5배수 선발 / 2단계 면접 평가 50% 반영

1) 1단계-서류 평가

학업역량 35%	• 교과 등급만으로 평가하지 않음. 학업태도, 학업 의지 등을 고려하여 평가 • 선택 교과목, 석차등급, 성취 등급(진로 선택과목), 원점수, 평균, 표준편차, 단위 수, 수강자 수 등을 고려하여 평가 • 학업을 충실히 수행할 수 있는 기초수학능력 평가
전공적합성 25%	• 주어진 교육과정 내에서 학교의 어떤 교과 및 비교과 활동을 선택하여 관심을 확장해 나갔는지 종합적으로 판단 및 평가, 지원 전공(계열) 및 관심 있는 분야와 관련하여 노력한 과정과 태도 확인 • 지원 전공(계열)에 대한 궁금증을 해결하기 위해 기울인 노력과 인지 수준 확인
인성 20%	• 공동체의 기본윤리와 원칙을 준수하고, 책임감을 가지고 자신의 의무를 다하는 태도 등을 확인 • 불성실한 생활 태도는 사유, 이후 개선 노력 등을 파악하여 검토
발전가능성 20%	• 현재의 상황이나 수준보다 질적으로 더 높은 단계로 향상되기 위해 노력한 경험과 과정을 주요하게 평가함

2) 2단계-면접 평가

전공적합성 45%	전공에 대한 관심과 이해, 전공 관련 교과목 이수 및 성취도, 전공 관련 기초소양 및 활동
발전가능성 35%	자기주도성, 경험의 다양성, 리더십, 창의적 문제해결력
인성 및 의사소통 능력 20%	협업 능력, 나눔과 배려, 성실성, 상대방의 의사 경청, 상대방의 의도 이해, 논리적인 의사전달

2. 면접 평가 형식

제출서류 기반 개별면접, 10분, 평가자 2인

3. 면접 평가 내용

- 제출서류 기반으로 전공적합성, 발전가능성, 인성 및 의사소통 능력 등을 평가
- 제출서류에 있는 내용을 아래와 같은 형식으로 질문하고 학생을 종합적으로 평가

4. 면접 대비 전략

- 제출서류 충분히 숙지하기, 활동을 키워드 중심으로 정리해보기, 모의 면접 참여하기, 질문에 맞는 답변을 할 수 있도록 연습하기 절차에 따라 면접을 착실하게 준비한다.
- 제출서류 기반 면접이므로 제출서류에 나타난 자신의 특성을 사실적으로 이야기할 수 있도록 준비해야 한다. 나에 대한 이야기는 내가 가장 잘 할 수 있다는 자신감이 생기도록 충분한 준비가 필요하다.
- 질문에 대한 답변은 구체적이며 진정성이 있어야 한다. 면접의 비중이 높아 2단계 면접에서 합격권으로 진입이 가능하다. 추상적인 말이나 미리 암기한 내용을 혼자 말하는 것이 아니라 키워드 중심으로 자신을 말하고 면접관과 소통하면 합격에 가까워진다.
- 모의 면접은 꼭 해야 한다. 대학교에서 학과 특성과 면접에 대한 자세한 내용을 공지했다. 대학 면접을 형식에 맞게 친구, 선생님, 대학교 등에서 모의 면접을 하는 것이 좋다. 휴대전화 등으로 면접 영상을 촬영하여 자신의 모습을 객관적으로 보고 부족한 점을 보완한다면 그

과정이 면접장에서 자연스럽게 드러나게 된다.

5. 면접 예시 문항

- 우리 학과에 지원한 동기에 대해 이야기해 볼까요?
  - ○○에 대해 더 알아보기 위해 어떤 학업 활동을 해보았나요?
  - ○○에 대해 배운 점은 무엇인가요?
- 학생부에 보니 ○○시간에 "○○ 책을 요약해서 발표했다"고 되어있네요.
  - 어떤 내용의 발표를 했는지 이야기해볼까요?
  - 그 책을 통해 ○○에 대해 배운 점은 무엇인가요?
- ○○수업 시간에 ○○에 대해 발표하고, 배운 점을 정리해 교육봉사에서도 활용했다고 되어있네요.
  - 어떤 내용의 발표를 했는지 이야기해볼까요?
  - ○○에 대해 가르치기가 쉽지 않았을 텐데, 학생들의 눈높이를 맞추기 위해 어떤 노력을 했나요?
  - 그 경험을 통해 배운 점은 무엇인가요?

성공회대학교 열린인재전형

1. 전형 방법 : 학생부종합평가 60% + 면접 40%

1) 학생부종합평가(600점)

인성 20%	학교생활 중 열림·나눔·섬김을 실천해 왔는지 확인할 수 있는 요소 평가
성실성 15%	학교생활 중 성실성, 근면성, 책임감을 확인할 수 있는 요소 평가
자기주도성 20%	전공에 대한 관심과 이해를 확인할 수 있는 요소 평가
성취역량 15%	다양한 경험과 활동의 성과를 확인할 수 있는 요소 평가
학업수행능력 30%	기초소양을 갖추고 있으며 이를 바탕으로 자기 주도적 학습을 할 수 있는지 확인할 수 있는 요소 평가

2) 면접 평가(400점)

전공적합성 50%	지원 학부에 대한 이해도, 관심도, 적응 가능성 및 전공을 대하는 자세 등을 중점적으로 확인
역량 및 발전가능성 50%	전공에 대한 발전가능성을 살피고 기초역량 및 학업수행능력이 이후 전공으로 이어질 수 있는지를 중점적으로 확인

2. 면접 평가 형식

- 교과 지식과 관련이 없는 인성, 전공 개별면접, 평가자 2인
- 면접 문항 공개: 문항 사전 공개, 사전에 공지된 예시 문항 확인 방법 확대 계획

- 면접전형 가이드: 면접전형 가이드 공지로 선행학습의 불필요성 지속적 공지
- 면접 문항 개선: 공통문항 예시 확대로 수험생의 다양한 생각 평가

3. 면접 평가 내용

- 지원자의 고등학교 학교생활기록부 중심으로 진행
- 면접은 공통 면접 문항이 출제되며 면접 대상자가 솔직하게 응한다면 좋은 결과를 얻을 수 있는 형태
- 공교육 정상화 관점에서 교과 지식과 관련이 없는 다양한 면접 문항 출제를 위해 지속적인 노력과 외부위원의 의견을 적극 반영

4. 면접 대비 전략

- 성공회대의 면접은 문제풀이식 면접 문항 원천적 배제, 학생부 중심으로 전공 적합성, 역량 및 발전 가능성에 대한 평가로 진행, 수험생의 학생부를 교차 확인하는 면접으로 진행한다.
- 대학교에서 제공하는 면접 고사에 대한 정보를 입시상담, 홈페이지, 카카오톡 등 다양한 채널을 통해확인하고 대비하면 무난하다.

5. 면접 문항 사전공개 및 면접전형 가이드 홈페이지 공개

- 학교생활기록부를 중심으로 수험생의 활동을 확인하는 수준의 공통 문항으로 면접 고사일 이전 면접 문항 공개
- 면접전형 가이드(동영상 및 모집요강)는 성공회대학교가 면접 보는 이유 명확히 소개, 면접 준비하는 방법과 면접 태도 등 상세히 제공
- 2022학년도 공통 면접 문항

- 출제 문항: "학교생활기록부에 기재된 진로활동의 내용 중(창의적 체험활동-진로활동) 본인의 노력에 대해 구체적 사례를 들어 설명하고, 우리대학 ○○○○학부에 지원하게 된 동기에 대해 설명해주세요."
- 출제 의도: 학생부종합전형의 취지에 맞춰 학교생활기록부를 중심으로 진로활동의 진위 및 수험생의 노력과 지원 동기에 대해 평가함을 목표로 하였고 학생부 평가 내용과 함께 전공 연계성, 인성 그리고 학교생활 중 진로활동에 관한 노력 등을 평가하여 앞으로 더 발전할 수 있는지를 종합평가한다.

성균관대학교 학생부종합전형

1. 전형 방법 : 1단계 서류 평가로 3배수 내외 선발 / 2단계 면접 평가 20% 반영

1) 1단계-서류 평가(입학사정관 2인 1조 독립·교차평가, 정성평가)

학업역량 50%	• 학업수월성, 학업충실성 각 250점 • 우리 대학에 입학할만한 충분한 학업능력을 보여주는가? • 교과 성취 수준(종합), 학업태도, 학업 여건 등
개인역량 30%	• 전공적합성, 활동 다양성 각 150점 • 지원 모집단위에 수학할만한 재능과 열정을 지니고 있는가? • 교과 성취 수준(개별), 지적 호기심, 관심 및 열의, 활동 내용 등
잠재역량 20%	• 글로벌 창의 리더로서의 자질 및 발전가능성이 있는가? • 자기주도성, 성실성, 리더십, 역경극복 의지, 봉사, 인성 등

- 학업역량, 자기 주도적 학업태도, 전공분야에 대한 관심과 열의, 글로벌 창의 리더로서의 발전가능성을 종합적으로 평가
- 학생의 성적뿐 아니라 재능, 적성, 잠재력 등 다양한 특성을 종합적으로 고려
- 학생 개개인에 대하여 점수가 말해주지 않는 맥락(context)을 해석

2) 2단계-면접 평가 : 면접위원 2인 1조(10분 내외) / 2개 영역 6개 척도

- 의예, 교육학, 한문교육, 수학교육, 컴퓨터교육, 스포츠과학 일부 학과만 면접

2. 면접 평가 형식

- 서류 기반 인·적성, 10분, 평가자 2~3인, 각 단계별 5개 척도
- 의예 : MMI(Multiple Mini Interview) 다중 미니면접 평가

3. 면접 평가 내용

- 학생부종합전형의 일부 학과에서만 면접을 실시
- 학생이 제출한 서류를 기반으로 인·적성 면접을 실시
- 면접을 통해 학문에 대한 소양과 열정, 글로벌 리더로서의 자질과 발전 가능성을 종합적으로 평가
- 서류에 기재되어 있는 내용 중 궁금한 사항을 질문하거나 대화를 통해 학생의 특징과 품성을 확인

4. 면접 대비 전략

- 서류 기반으로 면접을 통해 수험생이 지원 학과에 대한 관심과 열의가 있는지 예비 의료인, 교사, 전문가로서 자질 및 발전 가능성이 있는지를 판단하기에 자신의 생각과 진로 그리고 지원 동기 등을 논리적으로 답변하는 것이 필요하다.
- 면접 준비하는 방법은 제출서류에 기재되어 있는 내용을 꼼꼼히 살펴보고 자신의 경험과 활동에 어떤 의미가 있었는지 스스로 정리해 보는 것이 중요하다. 자신이 어떤 사람인지, 고교 생활은 어떠했고 대학 진학 후에는 무엇을 하고 싶은지 스스로 묻고 답을 해야 한다.
- 자신의 생각을 표현하고 의사를 전달하는 능력뿐만 아니라 면접에 임하는 태도와 자세 또한 평가하기에 지원 학과에서 학업을 수행하고 싶다는 열의, 자신감 있는 말투와 최선을 다하려는 자세, 공손한 태도

와 밝은 표정을 보이는 것이 중요하다.

5. 면접 예시 문항

1) 의예 평가

아래 제시문을 읽고, 면접위원 질문에 답하시오.

대학교 합창 동아리에서 한 달 후 공연을 앞두고 있다. COVID 19 백신 접종 완료 여부에 따라 오프라인 연습 참가를 제한할지에 대하여 합창단 단원 사이에 논쟁이 벌어졌다. 함께 모여 노래 연습을 해야 하므로 온라인 연습을 불가능하다.

주영이는 "백신 접종을 하지 않은 사람은 연습에 참가하면 안 된다"라고 주장하였다. 수민이는 "백신 접종은 개인의 선택인데 불이익을 주면 안 된다. 나는 백신을 맞지 않았고 앞으로도 맞지 않을 것이다"라고 반발하였다.

온라인으로 투표한 결과 25:5로 미접종자는 연습에 참여하면 안 된다는 의견이 우세하였다.

(질문) 지원자가 이 동아리의 리더라면 어떻게 하겠는가?

2) 교직 적성 평가

BTS(방탄소년단)와 드라마 〈오징어 게임〉과 같은 K-콘텐츠가 세계적으로 큰 인기를 끌고 있다. 하지만 매년 10월 발표되는 기초과학분야 노벨상에는 미국이나 일본에 비해 우리나라 수상자가 전무한 상태이다. 우리나라 학교현실에서 BTS나 〈오징어 게임〉과 같은 K-콘텐츠의 세계적 성공 사례를 노벨상을 포함한 다른 분야에서도 가능하게 하기 위해서, 교사로서 어떤 노력이 필요하다고 생각하는지 구체적인 예를 들어 설명하시오.

3) 교직 인성 평가

최근 코로나로 인해 기초학력 미달 비율이 높아지면서, 학력저하 우려가 높아지고 있다. 교사로서 기초학력이 미달하는 학생을 어떻게 지도하는 것이 바람직한지 자신의 경험을 바탕으로 구체적인 예를 들어 설명하시오

4) 스포츠과학 전공적성 평가

1. 본인이 좋아하는 스포츠 종목에 대해 설명하시오. 특히, 본인이 좋아하는 이유와 스포츠 종목의 특성에 대해 논리적으로 설명하시오.

2. 스포츠과학에 대하여 본인이 생각하는 바를 설명하시오. 스포츠과학 분야 중에서 본인이 관심 있는 분야가 있으면 그에 대하여 설명하시오.

5) 스포츠과학 인성, 표현력, 논리력 평가

1. 성균관대학교 스포츠과학과에 지원한 동기를 구체적으로 설명하시오.

2. 대학 생활에서 교과과정 이외에 본인이 중요하다고 생각하는 것을 설명하시오.

3. 본인의 10년 후 미래에 대해 어떻게 생각하는지 말하시오. 본인이 생각하는 10년 후 미래의 모습을 이루기 위해 구체적으로 어떻게 할지 설명하시오.

성신여자대학교 자기주도인재전형

1. 전형 방법 : 1단계 서류 평가로 3배수 선발 / 2단계 면접 평가 30% 반영

1) 1단계-서류 평가(2인으로 구성된 평가위원이 종합적 정성평가)

인성 20%	• 학교의 규칙과 원칙을 지키려는 태도 • 자신의 역할에 책임감을 갖고 끈기 있게 임하는 자세 • 공동의 목표를 위해 협동해 자신의 역할을 다하는 자세 • 타인을 이해하고 배려하는 태도
전공적합성 20%	• 교육과정 내에서 이루어지는 지원 분야 관련 활동의 내용과 성취 수준 • 고교 교육과정 내에서 이루어지는 지원분야 관련 관심과 노력
학업역량 40%	• 교육과정 내에서 이루어지는 학업적 노력과 관심 정도 • 교육과정 내에서 이수한 교과의 성취 수준 및 발전 정도
발전가능성 20%	• 자신의 꿈을 위해 스스로 계획하여 추진해 나가는 태도 • 관심 분야에 대한 도전 과정 및 성취 수준 • 문제상황에 직면했을 때 해결책을 가지고 극복하고자 노력한 경험

2) 2단계-면접 평가

인성 20%	• 성실성, 공동체 의식 • 학교 교육을 통해 성장, 발현되는 개인적 품성 및 사회성
전공적합성· 학업역량 50%	• 전공적성, 전공이해도, 학업 의지, 학업능력 • 대학에서 학업을 수행하기 위한 전공에 대한 관심 및 노력 • 지원한 전공의 학업을 수행할 수 있는 기초학업능력
발전가능성 30%	• 자기주도성, 도전정신 • 목표를 이루어가는 과정에서 드러나는 성장 가능성 및 잠재력

*사범대학도 유사한 사항임. 교직소양 20%, 전공적합성·학업역량 50%, 교직 발전가능성 30%로 평가 내용을 좀 더 교육과 연결했으나 기본적인 사항은 유사하여 별도로 평가 내용을 언급하지 않았으므로 자세한 사항은 학교 홈페이지를 참고하기 바람.

2. 면접 평가 형식

• 제출서류 기반 개별면접, 10분, 평가자 2인
• 2인의 평가자가 종합적·정성적으로 평가하며 전공 관련 지식평가와 실기는 시행하지 않음.

3. 면접 평가 내용

• 면접의 간소화로 사교육을 유발시키는 문제풀이식 심층면접을 지양하고, 인성 및 가치관, 전공소양, 서류내용의 진실성 및 가치 등을 평가하기 위한 단순 면접을 실시
• 학교생활기록부의 교과성적 및 비교과 활동 등을 자기소개서의 내용과 비교 분석하면서 종합적으로 평가하며 인성, 전공적합성, 학업역량, 발전가능성이라는 평가항목을 토대로 심도 있는 평가를 진행

4. 면접 대비 전략

• 고교 재학 중 전공 분야에 대한 확고한 목표 의식과 열정을 가지고 자기 주도적인 탐구역량을 갖춘 인재를 선발하기 위한 전형이다.
• 서류 기반 면접이기에 지원자가 먼저 자신이 제출한 서류에 대해 정확하게 파악하고 있어야 한다. 학생을 불합격시키기 위해 실시하는 압박 면접이 아니라, 학생부와 자기소개서 기록의 사실 여부를 확인하고 지원한 학과에 대한 열정과 진로사항을 파악하기 위해 실시하는 것이다. 따라서 면접 전에 학교생활기록부 및 자기소개서를 꼼꼼히

읽어보는 것이 중요하다.

- 모의 면접을 경험하는 것이 좋다. 실제 면접을 대비해서 친구, 가족, 선생님 등과 모의 면접을 하는 것이 좋다. 사전에 대학에서 주최하는 모의 면접 프로그램을 접해본다면 면접에서 더 자신 있게 답변을 할 수 있을 것이다.
- 면접 내용만이 아니라 면접 태도도 중요하다. 면접에서 중요한 것은 자신감과 진로에 대한 열정이라고 할 수 있으나 가장 기본이 되는 것은 면접에 임하는 올바른 자세와 진실된 마음가짐이다. 따라서 실제 면접에 임할 때는 올바른 자세로 예의를 갖추고 자신감 있는 태도로 솔직하게 답변함으로써 진정성을 보여주는 것이 중요하다.

5. 면접 예시 문항

- 학생이 봤던 전시 중에 추천해 주고 싶은 것이 있다면 말해주세요.
- 전공과 관련이 없는 학생이 가장 재미있게 읽은 책을 말해보세요.
- 공부하기 힘들었던 과목은 무엇이고 어떻게 해결했는지 말해보세요.
- 1학년과 2학년 때 다른 외국어를 배웠는데 어떻게 가능했는지 말해보세요.
- 가장 기억에 남는 봉사활동을 말해보세요.
- 전교에서 가장 성실한 학생이라는 평가를 받은 이유를 말해보세요.
- 마지막으로 하고 싶은 말을 해보세요.

세종대학교 창의인재(면접형)전형

1. 전형 방법 : 1단계 서류 평가로 3배수 선발 / 2단계 면접 평가 30% 반영

1) 1단계-서류 평가(제출서류를 정량·정성평가)

학업역량 25%	학업성취도, 학업태도와 의지
전공적합성 45%	전공 관련 교과목 이수 및 성취도, 전공 관련 활동과 경험, 전공에 대한 관심과 이해
창의성 및 발전가능성 20%	창의적 문제해결력, 리더십 및 자기주도성
인성 10%	성실성 및 규칙준수, 나눔과 배려 및 도덕성

2) 2단계-면접 평가

전공적합성 40%	기초 전공소양, 지원 동기, 진로 계획, 전공 관련 활동 및 실적
발전가능성 35%	문제해결 능력, 독창성, 학업 의지, 자기주도성, 도전정신
의사소통 능력 및 인성 25%	질문의 이해도, 표현력, 시간 활용 능력, 정직과 성실성, 면접 태도

2. 면접 평가 형식

1) 일반면접(소프트웨어융합대학 제외)

- 지원자 1인을 다수의 면접관이 평가, 9분 내외, 제시문 없음

212

2) 소프트웨어융합대학

- 제시문 기반 면접(제시문은 당일 공개), 면접 준비시간 40분, 면접장에서 다수의 면접관과 9분 동안 질의 응답

3. 면접 평가 내용

1) 일반면접

서류 종합평가 연계 질의와 응답으로 서류의 사실 여부 확인, 지원자의 인성, 전공적합성, 발전가능성, 의사소통 능력 및 인성 등을 평가

2) 소프트웨어융합대학

면접 준비 장소에서 제시문을 받고 40분간 자료를 작성하여 면접장으로 이동, 적성 자료를 3~5분 정도 발표하고 9분 내외 면접 진행

4. 면접 대비 전략

- 소프트웨어융합대학과 일반학과의 면접 방식이 전혀 다르기에 면접 방식에 맞는 대비 전략이 필요하나 기본적으로는 전공적합성을 중시하고 있다.
- 일반면접의 경우 학생부 자료를 잘 이해하는 것이 기본이다. 고교 3년간의 활동 중 특히 전공과 관련이 있는 활동을 정리하고 그런 활동의 과정과 결과 및 대학 이후 어떤 학업 계획으로 발전시켜 나갈 것인가에 대해 미리 답을 작성해야 한다.
- 기본적으로 학과에 대한 기본 이해를 바탕으로 왜 그 학과를 지원하게 되었는가에 대한 동기를 명확하게 밝히고 진정성 있는 면접 태도를 보이는 것이 중요하다.

- 소프트웨어융합대학의 경우 제시문을 잘 분석하고 발표 자료를 논리적으로 구성하여 표현하는 능력이 필요하다. 면접관의 질의에 당황하지 않고 의사소통하는 능력과 지원 학과에 대한 관심과 열의가 있음을 보여줘야 한다.

5. 면접 예시 문항
- 창의인재전형 : 자연계열C-오전, 교육과정 과목명-통합과학, 미술
(예상 소요 시간 : 준비시간 40분, 면접 시간 9분)

1) 문항 및 제시문
[제시문]
"일반적으로 물질이 스스로 운동하여 농도가 높은 곳에서 낮은 곳으로 퍼져 나가는 현상을 확산이라 한다."
[문제]
　제시문에서 설명한 '확산'을 독창적으로 해석하여 '투시'를 소재로 적절한 사물 또는 소재를 대입하고 연상되는 창의적 아이디어를 표현(그림, 도형, 기호, 글 등을 혼합)하며 그 자료를 참조하여 면접 시 구술 발표하시오.
[주의사항]
　제시된 개념과 단어를 하나로 융합하거나 동일한 맥락으로 연결할 수 있는 아이디어를 도출하여 주제를 설명할 것

2) 출제 의도
　고등학교 교과에 등장하는 자연과학, 인문사회 영역의 개념과 용어 등을 이해하고 일상생활을 통해 경험하는 유·무형적인 대상(사물, 개념)들과

의 연결성을 찾아 새로운 개념이나 아이디어를 도출하는 능력과 자신이 도출한 개념의 논리성과 창의적 표현 및 전달능력을 평가하고자 한다.

3) 문항 해설

과학 영역과 미술 분야의 다양한 개념을 이해하고 이러한 개념을 융합하여 자신만의 주제를 도출할 수 있도록 통합과학 생명시스템의 '확산'의 개념과 미술과목 표현 항목의 '투시'를 제시하였다. 고등학교 교과과정을 충실히 이수한 학생은 학습 내용을 바탕으로 적절한 주제를 도출할 수 있으며 해당 주제를 적절히 표현할 수 있는 소재를 학생이 스스로 선정하여 창의적인 아이디어를 구성하고 글, 그림, 기호 등으로 표현할 수 있으며, 이를 면접 시 논리적으로 발표할 수 있다.

4) 채점 기준
- 제시어의 해석 및 이해도 평가
- 주어진 복수의 제시어를 결합한 연관성 도출 능력 평가
- 도출한 연관성에 근거한 논리성, 표현 주제의 창의적 해석능력, 아이디어/스토리의 참신성 평가
- 자신의 아이디어에 대한 효과적 표현과 전달력 평가

[탁월함]

매우 우수의 경우에 더하여, 제시어를 통해 추출한 개념과 사고의 폭이 넓고 독창성이 돋보이는 경우

[매우 우수]

아래 3가지의 경우를 모두 충족하는 경우
- 제시어에 대한 합당한 정의와 연관성의 논리가 분명하고 창의적인 경우

- 도출한 연관성에 근거한 표현 주제에 대한 해석과 아이디어가 참신한 경우
- 아이디어 전달의 명확성 및 표현의 효율성이 높은 경우

[우수]

매우 우수에 비해 답변의 근거로 제시하는 내용이 논리성이나 설득력에서 다소 멀어지는 경우

[보통]

전달하는 내용이 단편적이거나 개연성이 많이 부족한 경우

[미흡]

문제를 제대로 이해하지 못하거나 답변이 주제를 많이 벗어난 경우

5) 예시 답안

'확산'은 물질 혹은 속성이 한 방향으로 넓게 퍼지는 형상을 연상하게 합니다. 또한 '투시'는 사물의 가려진 내면의 생김새뿐 아니라 감추고자 하는 속마음을 꿰뚫어 봄으로 생각해 보았습니다. 따라서 그 두 개념을 융합하여, 사람의 내면을 적나라하게 꿰뚫어 볼 수 있는 투시의 초능력이 코로나 바이러스처럼 전염되며 퍼져나가 '절대 다수의 사람들이 서로의 속마음을 들여다보는 것이 만연한 세상이 온다면?'과 같은 상황을 가정해 보았습니다. 투시의 초능력은 순화되지 않은 서로의 생각을 적나라하게 드러내며 인간관계를 붕괴시킬 것입니다. 코로나 시대의 마스크 착용 사인, 감염 경고 포스터처럼 이러한 시대에 등장할 법한 투시 금지 사인, 혹은 투시로 붕괴될 인간관계에 대한 경고의 포스터를 사람의 분할된 얼굴을 이용해 제작해 보았습니다. 포스터는 동일 인물의 이중성을 미리 경고하는 분할화면과 대조·대비·병렬 등을 이용한 표현들을 시도해 보았습니다.

수원대학교 면접위주교과전형

1. 전형 방법 : 1단계 학생부 평가로 5배수 선발 / 2단계 면접 평가 40% 반영

1) 1단계-학생부 서류 평가(교과 80% + 출결 10% + 봉사 10%) 100%

2) 2단계-면접 평가

구분	내용
평가항목	자기소개(1분), 인성, 창의력 및 사고력, 전공적합성, 학업 계획 및 포부 등
면접 방법	그룹 면접(학생 3인), 자기소개를 시작으로 구술면접 진행

2. 면접 평가 형식

- 인성면접으로 고등학교 교과 지식이나 전공 상식과 관련이 없는 지원자들의 사고와 태도, 전공적합성, 향후 학업 계획 및 미래에 대한 포부 등을 확인
- 자신에 대한 객관적 이해, 찬반양론의 제시를 통한 논리적 사고, 학업을 포함한 장래에 대한 열정 등을 가진 학생을 선발하기 위한 문항 구성 노력

3. 면접 대비 전략

- 인성 면접은 변별력이 크지 않다는 특징이 있다. 그렇지만 작은 점수 차이로 후회하는 일이 없도록 대학교에서 사전에 제시한 면접 문항을 참고로 하여 미리 연습만 한다면 무리가 없을 것이다.

- 1분간 자유롭게 자기 소개를 한다. 누구나 다 준비하는 1분이니 여기서부터 차이가 나야 한다. 상투적인 표현과 유려한 문장을 나열하기보다 자신의 특성과 장점 그리고 진학 의지와 학업 계획을 논리적으로 표현하는 것이 중요하다. 첫 인상이 중요하다. 이부분이 당락을 결정한다는 생각으로 만반의 준비를 해야 한다.

- 학업 계획을 밝혀야 하며, 창의력과 사고력을 묻는 문항도 있으니 당황하지 말고 면접의 기본자세를 유지하고 성실하게 토론 활동에 참여하면 된다.

- 전공적합성은 어떤 식으로 표현을 해도 결국은 지원 동기와 학업 계획 그리고 진로 계획이니 미리 준비를 한다면 순조롭게 이야기를 풀어갈 수 있을 것이다.

4. 면접 예시 문항

- 지원자는 본인의 학습능력을 10점 만점에 몇 점이라고 생각합니까? 그 점수를 준 이유는 무엇입니까?

- 우리 학교 인재상은 큰 꿈을 가진 인재, 창의적 인재, 실행력 있는 인재입니다. 지원자는 어떤 꿈을 가지고 있는지 말해주세요.

- 정확하고 객관적인 정보를 수집하는 자신만의 노하우가 있다면 말해주세요.

- 현대인들의 스마트폰 사용시간은 점점 길어지고 있는 것 같습니다.

핸드폰의 장시간 사용과 관련하여 긍정적인 측면과 부정적인 측면에서 지원자의 의견을 말해주세요.

• 지원자는 현재의 지원 전공을 언제쯤 결정했고, 지원 분야를 선택한 이유는 무엇입니까?

• 지원하는 전공이나 계열과 관련하여 이해도를 높이기 위해 탐구했던 경험이 있다면 말해주세요.

숙명여자대학교 숙명인재II(면접형) 전형

1. 전형 방법 : 1단계 서류 평가로 4배수 선발 / 2단계 면접 평가 40% 반영

1) 1단계-서류 평가(학생부를 종합적으로 검토하여 정성평가)

전공적합성 및 발전가능성 30%	• 진로에 대한 탐색 과정 및 노력 • 지원 전공과 관련한 소양과 자질 • 전공(계열) 관련 교과목 이수과정·발전가능성
탐구역량 50%	• 학업에 대한 호기심과 깊고 넓게 탐구하는 태도 및 역량 • 자발적인 의지와 자기 주도적인 학습태도 • 교과, 비교과에서 이루어지는 탐구활동에 대한 지적 관심 및 적극적 참여 • 기본적인 학업 수학역량 평가
공동체 의식과 협업 능력 20%	• 공동체의 목표 달성을 위해 구성원의 협력을 이끌어낼 수 있는 역량 • 열린 사고로 타인의 의견을 존중하며 상황과 맥락을 이해하면서 소통하고 협업하는 역량

2) 2단계-면접 평가

전공적합성 및 사고력	• 진로 탐색 및 전공 선택 과정 • 전공에 대한 관심과 적성, 발전가능성 • 이해력, 논리적 사고력 다양한 시각 및 관점
의사소통 능력 및 인성	• 면접 태도 • 의사소통 능력 • 협력, 배려, 도덕적 가치관 등

2. 면접 평가 형식

- 인문계, 자연계(약학부 제외), 예·체능계: 10~15분 내외, 제출서류 기반 면접, 평가자 2인
- 약학부: 20~30분 내외, 제출서류 기반 면접 및 제시문 기반 면접(2개의 면접장에서 진행)

3. 면접 평가 내용

- 제출서류 내용을 확인하고 전공적합성 및 사고력, 의사소통 능력 및 인성 등에 대해 종합적으로 평가하는 심층면접으로 진행
- 제시문 면접(약학부)은 제시문에 제시된 상황과 과제를 파악하여 논리적으로 사고하고, 추론 및 문제에 대한 대안을 제시할 수 있는지 주안점을 두고 평가하고 전공적합성 및 사고력은 논리적 사고, 추론적 사고, 대안 제시 등을 평가하며 의사소통 능력 및 인성은 제시된 상황과 과제의 인지 및 파악, 면접 과정에서 드러나는 태도 등을 평가

4. 면접 대비 전략

- 1단계에서 서류로 4배수를 뽑고 면접 비중이 40%로 면접의 비중이 그만큼 높은 대학이다. 이화여대와 다른 서울 중위권 대학에 지원하는 학생이 경쟁하기에 면접을 잘 본다면 1단계 학생부 성적의 불리함을 충분히 만회할 수 있다. 그만큼 면접 준비를 충실하게 하는 학생들이 모이기에 별다른 준비 없이 면접장에 가면 의외로 낭패를 볼 가능성도 크다는 것을 명심해야 한다.
- 약학부를 제외한 일반면접의 경우 학생부 기록을 꼼꼼하게 점검해야 한다. 교과별 세부 특기사항에 기록된 내용은 필수 점검 사항이다. 특

히 지원하는 학과와 관련성이 큰 교과의 활동은 면접에서 다뤄진다고 생각하고 준비해야 한다. 수업 시간에 이루어진 발표, 수행평가 내용, 독서 등은 활동의 과정을 묻고 심층질문이 연달아 이루어진다. 답변하는 과정에서 전공적합성과 논리력을 보고 면접 태도까지 평가하기에 긴장을 늦추어서는 안 된다.

- 비교과 활동에서 동아리 활동이나 자율활동에서 전공을 탐색한 기록이 있다면 그런 활동을 지원 동기와 연결하여 답변을 준비하고 대학 합격 이후에 어떻게 발전시켜나갈 것인지 진로 계획까지 밝혀야 한다.
- 다른 대학도 마찬가지이지만 면접 준비가 잘 돼야 면접장에서 자신감이 자연스럽게 드러난다. 면접 복장부터 면접에 임하는 비언어적 요소도 신경을 써야 하고 면접을 마치고 나오는 순간까지 면접 평가의 대상이 된다는 것을 고려해야 한다.

5. 면접 예시 문항

- 왜 우리 대학교 경영학과를 지원했는지 말해보세요.
- 사회문화 커넥터가 되고 싶다고 했는데, 그게 무엇인지 말해보세요.
- 교과부장을 하면서 친구들의 면학 분위기를 조성하는 데 어려웠던 점을 말해보세요.
- 〈확률과 통계〉 교과에서 가장 중요한 개념이 무엇이라고 생각하는지 말해보세요.
- 학생부 내용은 공학이 맞는 것 같은데 물리학을 지원한 이유를 말해보세요.
- 진로와 관련된 활동을 2가지 말해보세요.
- 또래 멘토링 활동 중에 가장 기억에 남았던 일을 말해보세요.

숭실대학교 SSU 미래인재전형

1. 전형 방법 : 1단계 서류 평가로 3배수 선발 / 2단계 면접 평가 30% 반영

1) 1단계-서류 평가(입학사정관 2인이 정성평가)

학업역량 20%	• 주요 과목 학업성취도 • 전 과목 성적을 통한 학업 성실성 • 선택 교과목 이수 적절성 및 성취 수준
활동역량 55%	• 학교생활 성실성(출결, 봉사) • 계열·분야별 전공적합성 • 고교생활의 주도적 참여 및 노력
잠재역량 25%	• 진로분야 탐색 및 진학 의지 • 학업 및 진로 계획의 구체성, 실현가능성 • 공동체 의식, 인성 등 종합평가 • 자기소개서 작성 지침 준수 여부 평가 • 학교폭력 사실 등 확인 및 개선 과정 판단

2) 2단계-면접 평가

전공적합성 50%	• 진로탐색 및 전공 선택 과정 • 전공에 대한 관심 및 이해도 • 활동의 전공 연계성 및 성과 　(SW우수자) SW 경험·활동에 근거한 논리적 사고 및 표현
인성 25%	• 서류의 사실 여부, 활동의 진실성 • 면접 태도, 의사소통 능력
잠재력 25%	• 학업 계획의 실현가능성, 목표부합정도 • 본교 진학 의지 및 성장 가능성

2. 면접 평가 형식

제출서류 기반 개별면접, 10분, 평가자 2인

3. 면접 평가 내용

- 제출서류를 기반으로 전공적합성, 인성, 잠재력을 평가하는 서류 기반 면접으로 교과 지식 이외의 내용을 질문
- 지원한 모집단위 전공에 관심과 열정이 뚜렷한 '자기주도·창의·성실'형 인재인지 판별하기 위한 면접을 진행

4. 면접 대비 전략

- 서류 기반 면접이고 활동 역량 즉 성실성, 전공적합성, 자기주도성이 중요하다. 특히 전공전합성이 면접 평가의 50%에 해당하고 면접위원으로 전공 교수가 위촉되기에 전공에 대한 이해와 관심이 필요하다.
- 면접 질문 자체가 어렵지 않으나 면접에 임하는 태도로 대학교 인재상과 학생부종합전형의 취지 및 발전가능성 등을 평가하기에 면접 연습을 미리 하는 것이 좋다. 자연스럽고 자신 있게 답변하기 위해 사전에 자신의 면접 영상을 촬영하고 부족한 부분을 보완하여 장점을 부각하는 전략이 필요하다.
- 대학교에서 제시한 면접 문항을 참고하여 학생부에서 면접 문항을 뽑아보고 궁극적으로 전공에 대한 열정과 대학 입학 이후의 학업 계획이 드러나도록 답변을 작성하고 모의 연습을 한다.

5. 면접 예시 문항

- ○○활동이 가장 활발해 보이는데, 이 활동은 무엇인가요?

- 전반적인 성적보다 ○○교과성적이 좋은데(혹은 나쁜데) 이유가 있나요?
- 지원 전공 분야에 대해 알고 있는 현재 이슈가 있는지, 특히 관심이 있는 분야는 무엇인가요?
- ○○분야가 유망하다고 생각하는 이유를 말해보세요. ○○의 활용사례에 대해 말해보세요.
- 학업 계획에 ○○가 꿈이라고 했는데, 관심 갖게 된 동기가 무엇인가요?
- ○○라는 진로를 결정하게 된 결정적인 활동을 구체적으로 설명해보세요.
- 본인이 이 학과와 잘 맞는다고 생각하는 강점과 그 이유를 설명해보세요.
- 숭실대학교 ○○학과에 지원한 동기를 이야기해보세요.
- ○○학과에서 목표를 이루기 위해 해온 활동들은 어떤 것입니까?
- 이 활동에서 본인의 어떤 역량이 나타났으며, ○○학과에서 어떻게 발휘될 것이라고 생각하는지 말씀해보세요.
- 이 활동을 수행한 과정에서 느낀 점을 말씀해보세요.
- 본인의 어떤 점이 이 학과와 잘 맞는다고 생각합니까?
- 작성한 계획의 실현을 위해 구체적으로 할 일을 말씀해보세요.

아주대학교 ACE인재 전형

1. 전형 방법 : 1단계 서류 평가로 3배수 선발 / 2단계 면접 평가 30% 반영

1) 1단계-서류 평가(입학사정관 2인 평가위원이 종합적으로 정성평가)

학업	학업역량 28%	• 고교 교육과정 기반의 학업수행능력 • 학업 행동과 지적 호기심
활동	목표의식 17%	• 지원 학과에 대한 관심과 열정, 학업 의지 • 적성과 진로에 대한 탐색과 노력
	자기주도성 20%	• 고교 활동 경험의 주도적 역할과 성취 • 활동의 노력과 문제해결 능력
인성	공동체 의식 15%	• 배려와 나눔, 협력의 태도와 행동 • 대인관계를 통한 공통체의 긍정적 기여도
	성실성 20%	• 출결상황을 통한 기본적 성실성 • 자기소개서 작성의 성실도

2) 2단계-면접 평가

평가항목	배점	평가 내용
서류 신뢰도	80	• 서류 기반에 따른 사실 여부, 성취 등 • 활동과정, 노력 결과, 경험 확인
의사소통 능력, 태도	20	• 질문에 대한 이해 및 논리적 답변 • 면접 태도

226

2. 면접 평가 형식

제출서류 기반 개별면접, 10분, 평가자 2인

3. 면접 평가 내용

- 제출서류를 바탕으로 개별면접 질문 도출
- 반영 점수 : 최고점 100점, 최저점 0점

4. 면접 대비 전략

- 제출서류 기반의 면접이기에 수험생이 제출한 서류의 내용을 가장 잘 알고 있고 질문에 가장 잘 답변을 할 수 있다는 자세로 면접에 임해야 한다. 학생부의 어떤 부분을 묻더라도 자신이 수행한 활동이기에 활동의 계기와 과정, 결과와 성장 등 입학사정관의 질문에 당당하게 답변하는 자세가 필요하다.
- 학생부에서 면접 질문을 추출하여 연습을 하더라도 이미 준비한 내용을 외워서 답변한다기보다는 자신이 한 활동이므로 자연스럽게 의사소통을 하는 능력을 보여주는 것이 좋다.
- 면접 질문에 대한 적당한 답변 길이도 생각해야 한다. 단순하게 단문으로 답하고 말을 하지 않는 것도 좋지 않다. 또한 예상한 문제라고 너무 장황하고 길게 답변하는 것도 좋지 않다. 당황해서 질문자의 의도를 파악하지 못하고 문제와는 관계없이 준비한 답변을 하는 것은 곤란하다.

5. 면접 예시 문항

- ○○교과에서 ○○○○ 보고서를 작성했다고 하는데, 활동의 동기와

과정 그리고 결과에 대해 설명해주세요.

- ○○교과에서 창의성이 뛰어난 학생이라고 평가를 했는데, 어떤 면에서 그런 평가를 받게 된 것이라고 생각하는지 말해보세요.

- ○○동아리에서 ○○○○ 활동을 지속적으로 전개했다고 하는데, 왜 그런 활동을 계획했는지와 지원자의 구체적인 역할을 설명해보세요.

- 학급이나 학교에서 리더십을 발휘한 경험을 말해보세요.

- 우리 학과에 지원하게 된 동기와 이루고 싶은 꿈을 말하고 그 꿈을 통해 우리 사회에 기여할 수 있는 일을 말해보세요.

안양대학교 아리학생부면접, 아리학생부종합전형

1. 전형 방법

1) 아리학생부면접전형

- 1단계: 학생부 교과성적으로 5배수 선발
- 2단계: 면접 평가 40% 반영

모집단위		내용
해당 모집단위	전공소양	지원 동기 및 지원 학과에 대한 관심도
	일반소양	의사소통 능력 및 공동체 의식
신학과, 기독교교육과	전공소양	바른 신앙심, 지원 동기 및 지원 학과에 대한 관심도
	일반소양	의사소통 능력 및 공동체 의식
유아교육과	전공소양	지원 동기 및 지원 학과에 대한 관심도, 교직관
	일반소양	의사소통 능력 및 공동체 의식

2) 아리학생부종합전형

- 1단계: 서류평가 5배수
- 2단계: 면접 평가 30% 반영

인성(공동체 의식 및 협력)	• 지원자의 서류를 바탕으로 진정성을 확인
발전가능성 (적성 및 고교 기간 동안의 노력)	• 우리 대학의 교육이념과 인재상과의 적합성 여부를 확인 • 학과에서 필요한 기본적 소양을 확인하며, 이를 통해 지원자의 역량을 평가
의사소통 능력	

2. 면접 평가 형식

- 아리학생부면접전형-인성면접, 개별면접, 1인당 5분, 평가자 2인
- 아리학생부종합전형 - 제출서류 기반 면접, 1인당 10분, 평가자 2인

3. 면접 평가 내용

- 아리학생부면접전형-인성면접으로 평가위원의 질문에 지원자가 답변하는 형식
- 아리학생부종합전형 - 서류의 사실 여부 파악 및 대학교 인재상에 부합하는 인재인지를 파악하는 서류 기반 면접 형식

4. 면접 대비 전략

- 면접 질문 내용 자체가 어렵지는 않다. 면접에 임하는 자세와 답변 태도를 보면서 인성과 의사소통 능력을 중시하는 평가이다. 성실하게 학교생활을 했다는 것과 질문에 진정성 있는 자세를 보인다면 면접 지원자로서 무난한 평가를 받을 것이다.
- 대학교에서 제시한 면접 문항을 보면 출제 예상 문제와 답변 요령을 간접적으로 알 수 있을 것이다. 대학교에서 안내한 문항을 참고로 면접 준비를 하면 된다.

5. 면저 예시 문항

- 우리 대학에 지원하게 된 동기는 무엇입니까?
- 자신을 간단하게 소개해보세요.
- 교사가 되고 싶다고 했는데 교직을 수행하면서 실천해야 하는 윤리는 어떠한 것이 있는지 말해보세요.
- 온라인 수업의 장점과 단점에 대해서 이야기하고 온라인 수업의 단점이 있다면 이를 개선할 수 있는 방법을 생각해보세요.
- 학생이 인생에서 가장 중요하게 생각하는 가치가 무엇인지 말해보세요.
- 학생의 진로 결정에 가장 영향을 미쳤던 것은 무엇인지 구체적으로 말해보세요.
- 과학기술의 발달에 따라 학생이 일하고 싶은 직종에는 어떤 변화가 있을 것으로 예측하고 있으며 이러한 변화에 적응하기 위해 어떻게 대학 생활을 할 것인지 말해보세요.
- 본받고 싶은 인물이 있다면 소개해주세요.
- 가장 가보고 싶은 여행 장소는 어디이며 그 이유는 무엇인지 말해보세요.
- 버킷리스트가 있다면 가장 하고 싶은 3가지를 말해보세요.
- 고등학교 때 봉사활동을 한 것 중에서 가장 기억에 남는 것을 말해보세요.
- 우리 학교 인재상이 학생과 어떤 면에서 맞는지 말해보세요.
- 지원 전공의 선택에 영향을 미친 사람 또는 사건에 대해 말해보세요.
- 향후 대학생으로서 전공과 상관없이 하고 싶은 활동을 말해보세요.
- 고교생활 중 친구들과의 갈등이 생겼던 경험은 무엇이며 어떻게 대처

했는지 말해보세요.

- 롤 모델은 누구이며, 그 이유는 무엇인지 말해보세요.

- 인생의 가치관과 목표는 무엇인가요?

- 고등학교 생활 중에서 자랑할 만한 점은 무엇인지 말해보세요.

- 직업 선택에서 우선적으로 고려되어야 할 사항은 무엇인지 말해보세요.

을지대학교 EU자기추천 전형

1. 전형 방법 : 1단계 서류 평가로 4배수 선발 / 2단계 면접 평가 30% 반영

1) 1단계-서류 평가(입학사정관 2인 평가위원이 정성평가)

학업역량 30%	학업성취도, 자기 주도적 학업태도와 의지
전공적합성 30%	전공 관련 교과목 이수 및 성취도, 전공에 대한 관심과 이해
인성 10%	공동체 의식 및 협업 능력, 성실성 및 도덕성
발전가능성 30%	자기주도성, 리더십, 팔로워십, 창의적 문제해결력

2) 2단계-면접 평가

전공적합성 30%	전공 이해도, 직업 및 진로 계획
발전가능성 30%	자기주도성, 목표의식
인성 20%	성실성 및 도덕성, 소통역량
자세 및 태도 20%	면접 태도 및 자세, 제출서류 사실 여부

*평가 척도: A, B, C, D, E

2. 면접 평가 형식

제출서류 기반 일반면접, 10분 내(4~6문항), 평가자 2인

3. 면접 평가 내용

- 서류 기반 면접으로 서류 내용의 사실 여부 확인과 서류에서 면접 문항을 도출

4. 면접 대비 전략

- 서류를 기반으로 한 면접이기에 수험생마다 각기 다른 질문이 나온다. 따라서 답변은 개인의 경험을 바탕으로 하여 구체적으로 답변하는 것이 좋다. 면접 문항은 서류 평가 시 제출한 서류 범위 내에서 출제하기 때문에 사전에 해당 서류의 내용을 꼼꼼하게 검토하여, 어떤 질문이 나올지 유추해보면 좋다. 일반적이고 추상적인 답변을 하는 것이 아니라, 학생부에서 자신의 고교생활을 정리하고 노트를 만들어 준비한 후, 면접관의 질문에 진솔하게 답변하는 모습을 보이면 된다. 입학사정관의 질문 속에는 사실관계 확인뿐만 아니라 그 경험을 통해 보고 느낀 바를 직접 듣고 싶은 목적이 담겨 있기 때문이다.
- 대학에서 제시한 면접 문항을 보면, 나의 학생부에서 어떤 문제가 출제될 것인지 예측이 가능하다. 그렇다고 하여 준비한 답변을 외우듯이 풀어내지 말고 의사소통한다는 생각으로 답변하는 자세와 내면의 성숙함을 보여주면 좋은 평가를 받을 것이다. 면접과 같은 긴장감이 감도는 상황에서 논리정연하게 말하기 위해선 충분한 준비 시간과 연습이 필요하다. 예상 질문을 만들어 연습할 때, 문장보다는 키워드 중심으로 정리하면 보다 기억에 남게 되므로 친구들과 면접 스터디를 구성하여 면접관-지원자의 역할을 맡아 실전처럼 연습하는 것도 도움이 된다.
- 면접은 제출서류의 내용을 확인하고, 지원자가 올바른 태도와 자세로

답변하고 있는지 알아가는 과정이다. 비언어적인 표현(시선 처리, 말투, 몸짓, 언어습관)도 하나의 소통과정이라는 점을 인지하고, 자신의 감정 역시 조절할 수 있어야 한다. 예상하지 못한 질문이 있어도 끝까지 최선을 다해 답변하는 자세가 중요하다.

5. 면접 예시 문항

- 사랑을 실천하는 간호사가 되고 싶다고 했는데, 그 꿈을 갖게 된 이유는 무엇인지 말해보세요.
- 의료 동아리 활동을 3년간 했는데, 그 동아리에서 했던 기억에 남는 활동과 지원자의 역할에 대해 말해보세요.
- 간호사에게 가장 필요한 자질과 덕목은 무엇이라고 생각하는지 말해보세요.
- 동아리 활동 중에서 가장 기억에 남는 일과 그 이유를 말해보세요.
- ○○수업 시간에 ○○○○ 보고서를 발표했다고 하는데, 보고서의 내용과 그 활동을 통해 알게 된 것이 무엇인지 말해보세요.
- 담임선생님이 학생을 사려깊고 배려심이 많다고 기록했는데, 학생의 어떤 면을 보고 그렇게 평가했는지 말해보세요.
- 지원자가 생각하는 우리 학과의 미래는 어떠할지 말해보세요.
- 우리 학과에 지원해서 어떤 공부를 해서 사회에 기여할 것인지 학업 계획과 진로 계획을 말해보세요..
- 진로활동으로 학급에서 발표한 ○○○○에 대한 내용을 말해보세요.
- 학급에서 친구들과 협업하여 활동한 것 중에서 가장 기억에 남는 일과 그 이유를 말해보세요.

연세대학교 추천형, 활동우수형 전형

1. 전형 방법 :

	1단계(서류평가)	2단계(면접구술)	비고
추천형	5배수	면접 40%	교과전형 정량평가
활동우수형	인문 2.5배수, 자연 4배수	면접 40%	학생부종합전형 정성평가

1) 1단계-서류 평가

가. 추천형

석차등급을 활용한 등급점수(50%)와 원점수, 평균, 표준편차를 활용한 Z점수(50%)를 교과 이수단위 가중 평균하여 반영함(공통과목 30%, 일반선택과목 50%, 진로선택과목 20% 비율로 총 100점 만점으로 반영하며 학년별 비율은 적용하지 않음)

나. 활동우수형

제출서류를 바탕으로 학업역량, 전공적합성, 인성, 발전가능성을 종합평가함.

종합평가 I 70%	학업역량	학업을 충실히 수행할 수 있는 기초수학능력
	전공적합성	지원 전공(계열)과 관련된 분야에 대한 관심과 이해, 노력과 준비 정도
	학업적 발전가능성	학업태도와 의지, 탐구활동
종합평가 II 30%	인성	공동체의 일원으로서 바람직한 사고와 행동
	사회적 발전가능성	창의적 문제해결력, 자기주도성, 경험의 다양성, 리더십

2) 2단계-면접 평가

- 제시문을 바탕으로 대학 수학에 필요한 기본 학업역량을 평가
- 고교 교육을 충실히 받은 수험생들이 충분히 이해할 수 있는 난이도로 출제
- 고등학교 교육과정을 충실히 이수한 수험생의 논리적 사고력 및 의사소통 능력 등을 확인할 수 있도록 출제

2. 면접 평가 형식

- 제시문 기반 면접, 복수의 평가자가 지원자를 평가, 8분
- 면접 유형: 현장 비대면 녹화 면접
- 평가 방법: 면접 당일 지원자가 현장에서 녹화한 영상을 복수의 평가 위원이 평가함

※ 코로나19 확산 추이에 따라 평가유형, 방법, 내용은 변경될 수 있으며, 최신정보는 입학처 홈페이지에서 확인하도록 함

3. 면접 평가 내용

1단계에서 일정 배수 안에 들어 있는 학교 추천, 활동우수 지원자가 대학에서 공부하는 데 필요한 기본 학업역량이 있는지를 평가

4. 면접 대비 전략

- 추천형의 경우 고등학교에서 3학년 재학 인원의 5% 안에 들어서 지원하더라도 학업역량을 갖추고 있어야 하고 최저학력기준을 통과해야 한다.(인문·사회 국어, 수학 중 1개 과목을 포함하여 2개 과목 등급 합 4 이내, 자연(의·치·약 제외) 수학을 포함하여 2개 과목 등급 합 5 이내)

- 1단계 통과 후 2단계 면접은 대학 수학에 필요한 학업역량을 평가한다. 즉 제시문을 이해하고 설명하는 과정에서 다수의 평가자가 우수한 학생이라고 판단할 수 있는 문제해결력과 창의성, 탐구력과 논리력 등을 갖추고 있어야 합격이 가능하다.
- 연세대학교가 「선행학습영향평가 결과보고서」에서 공개한 면접 문항의 유형을 숙지하고 전공과 관련이 깊은 교과목을 복습해야 한다. 만약 특정 교과에 대한 개념이 확립되어 있지 않다면 단기간이라도 몰입해서 면접에 대비하는 전략을 세워야 한다.

5. 면접 예시 문항

– 2022학년도 연세대학교 학생부교과전형[추천형] 자연계열 (오전) 평가

[제시문]

※ 다음 제시문을 읽고 질문에 답하시오.

[가] 모든 물질은 원자라고 불리는 작은 입자로 구성되어 있으며 원자는 없어지거나 새로 생기지 않는다. 원자는 다른 원자로 변화하지 않으며, 한 가지 원소를 구성하는 원자는 크기와 질량이 일정하다. 서로 다른 원자들은 일정한 정수비로 결합하여 화합물을 형성한다. 원자는 양성자와 중성자로 이루어진 핵과, 주변에 분포하고 있는 전자로 구성된다. 원자의 종류는 원자를 구성하고 있는 양성자의 숫자에 의해 결정되며, 원자는 원자핵 주변의 전자를 잃거나 얻어서 안정된 형태의 양이온이나 음이온을 형성할 수 있다.

[나] 단맛과 짠맛을 내는 조미료로 사용되는 설탕과 소금은 모두 결정성 고체를 이룬다. 두 가지 물질은 모두 물에 잘 녹는 성질을 갖고 있다. 설탕과 소금은 모두 생명 현상을 유지하는 데 매우 중요한 역할을 할 수 있는 물질들로, 설탕은 생명체의 에너지원으로 활용되지만 소금은 에너지원으로는 작용하지 않는다. 설탕의 결정은 서서히 가열하면 180°C에서 녹아 흘러내리며 200°C 정도가 되면 누렇게 변하기 시작한다. 설탕을 더 높은 온도로 가열하면 검은색으로 변하면서 타게 된다. 반면에 소금의 결정은 800°C의 고온에서 액체 상태로 변화하며, 분해되거나 타는 현상은 발견되지 않는다.

[다] 자연계에는 중력, 전자기력 등 여러 종류의 힘이 존재한다. 쿨롱은 전하를 띤 두 금속 구 사이에 작용하는 힘을 관찰하는 실험을 진행하였다. 그는 두 금속 구 사이에 작용하는 힘이 거리의 제곱에 반비례하고 두 금속 구가 가진 전하량의 곱에 비례함을 발견했는데 이를 쿨롱 법칙이라고 한다. 두 금속 구가 같은 부호의 전하를 가진 경우 서로 미는 힘이 작용하며, 서로 다른 부호의 전하를 가진 경우 서로 당기는 힘이 작용한다. 쿨롱 법칙은 이온 결합 등 전하를 띤 물체의 상호작용을 이해하는 데 중요한 역할을 한다.

[라] 공유 결합 물질이 화학반응을 할 때 원자들 사이의 공유 결합이 끊어지면서 새로운 공유 결합이 형성된다. 각각의 공유 결합은 서로 다른 결합력을 가지는데 끊어지는 공유 결합과 새로 형성되는 공유 결합의 결합력 차이만큼 에너지를 흡수하거나 방출하게 된다.

[문제 1]

설탕은 생명체의 에너지원으로 사용될 수 있으나, 소금은 에너지원으로 사용될 수 없는 이유에 대해서 제시문[가], [나], [라]를 참고하여 구술하시오. (15점)

[문제 2]

설탕과 소금의 녹는점이 크게 차이 나는 이유와 200°C 이상의 온도에서 설탕이 변화되는 이유에 대해서 구술하시오. (15점)

[문제 3]

같은 질량을 가지면서 서로 다른 전하량을 갖는 3개의 입자 A, B, C가 2차원 평면 위에 놓여 있다. 전하량 +4인 A 입자는 X=0인 어느 위치에 고정되어 있으며 전하량 −1인 C 입자는 X=1인 어느 위치에 고정되어 있다. 전하량 +2인 B 입자에 작용하는 알짜 힘이 0이라고 할 때, B 입자의 위치를 추론하고 이 추론의 성립을 위해 본인이 사용한 전제조건에 대해 구술하시오. (10점)

*문항 해설, 출제 의도와 근거 및 답안 예시는 연세대학교 입학처 공지사항 '선행학습 영향평가 결과보고서'를 참고

이화여자대학교 고교추천전형

1. 전형 방법 : 1단계 고교 재학 여학생의 5% 이내 추천 / 2단계 면접 평가 20%

1) 1단계-서류 평가
교과 공통 및 일반선택(90%) 석차등급과 진로선택(10%) 성취도 정성평가

2) 2단계-면접 평가
제출서류 기반 일반면접으로 자기주도성과 전공잠재력 및 발전가능성 등을 종합적으로 평가

2. 면접 평가 형식
제출서류 기반 개별면접, 10분, 3인

3. 면접 평가 내용
서류 기반 일반면접으로 개별 맞춤식 질문과 추가 질문으로 지원자의 인성과 자기주도성, 전공잠재력과 발전가능성을 종합적으로 평가

4. 면접 대비 전략
- 고등학교에서 추천된 모든 학생에게 면접의 기회가 주어지고 면접 20%의 점수로 합격의 기쁨을 누릴 수 있는 전형이다. 수능 이전에 면접이 실시되고 다른 대학과의 복수 지원으로 의외의 변수가 발생할

수 있으므로 합격하고 싶은 대학이라면 면접에 최선을 다하는 것이 필요하다.

- 서류 기반 면접이기에 학생부에서 자신이 활동한 내용을 빠짐없이 항목별로 정리하는 것이 필요하다. 핵심 질문을 묻기도 하지만 학생부의 소소한 부분까지 질문으로 활용한다는 특징이 있다. 자신이 한 활동이라면 그 활동의 동기와 과정 그리고 결과만이 아니라 이후 어떻게 그 관심과 열정을 이어갈 것인지 세부적인 사항까지 준비해야 면접장에서 당황하지 않는다.

- 왜 이 대학, 이 학과를 지원했는가, 앞으로는 어떤 인재가 될 것인가, 대학 진학 후 사회에 기여할 방안은 무엇인가 등은 기본적으로 준비해야 할 내용들이다. 고등학교에서 자기 주도적으로 활동한 것이 중요하고 그 활동을 지원 학과와 연결하여 답변하는 것이 좋다.

- 지원 학과와 관련이 있는 교과 세부 특기사항을 잘 준비해야 한다. 특히 발표나 독서 사항이 기록되어 있다면 그 활동을 하게 된 동기에서 시작하여 얼마나 열정적으로 준비했는지, 활동 결과 알게 된 것과 배움을 어떻게 확장시켜 나갈 것인지 등 꼬리에 꼬리를 무는 자기 물음과 답변이 있어야 한다.

- 교과전형이고 고등학교에서 추천된 학생들이기에 합격권 안에 있는 지원 학생들의 성적은 거의 차이가 없다. 결국 면접의 작은 차이가 당락을 결정하기에 학생부의 완전한 이해, 키워드를 통한 능숙한 답변, 진정성을 드러내는 답변을 해야 한다.

5. 면접 예시 문항

- ○○를 읽게 된 동기와 그 책의 내용을 말해보세요.

- ○○ 시간에 각국의 교육제도를 비교 분석했다고 했는데 그 내용을 말해보세요.
- 다른 학교 진학도 가능한데 우리 학교를 선택한 특별한 이유가 있는지 말해보세요.
- ○○교수에게 인공지능에 관한 메일을 보냈다고 했는데 어떤 내용인지 말해보세요.
- 2학년 때 가장 믿을만한 친구로 선정되었다고 하는데, 구체적으로 어떤 행사인지 말해보세요.
- 경영학을 전공으로 공부하는데, 학생이 가진 장점이 무엇인지 말해보세요.
- 준비했는데 못한 말이나 아쉬운 점을 말해보세요.

인천대학교 자기추천전형

1. 전형 방법 : 1단계 서류 평가로 3배수(사범대 4배수) / 2단계 면접 평가 30% 반영

1) 1단계-서류 평가(입학사정관 2인 평가위원이 정성평가)

전공적합성 30%	교과 적합성	• 기초 학업역량 및 학업성취도, 전공 관련 교과역량 적합성 • 교과목 이수사항 충실성, 학업성적 상승 추이
	비교과 적합성	• 전공 관련 비교과 활동의 다양성, 충실성, 적합성
자기주도성 20%	자기주도성	• 자기 주도적인 학업 노력 및 비교과 활동의 주도성
	자기개발능력	• 학교생활의 충실성, 진로탐색을 위한 노력
발전가능성 20%	발전가능성	• 학업 및 관심 분야에 대한 끈기와 노력 의지 등 잠재적 발전가능성
	문제해결 능력	• 문제에 대한 대안적 해결책을 만들어 낼 수 있는 능력
창의융합성 15%	창의적 도전정신	• 진취적이고 창의적인 사고를 바탕으로 새로운 과제나 어려운 과제에 도전하고 해결하고자 한 노력
	융합적 소양	• 인문, 사회, 자연, 과학 등 융합적 소양 • 글로벌 역량, 독서 역량, 예체능 역량 등 문화적 소양
인성사회성 15%	인성	• 배려, 나눔, 협력, 갈등관리 등을 실천하려는 노력 • 긍정적인 가치관으로 역경을 극복해나가는 노력
	사회성	• 책임의식, 공동체 의식, 리더십, 팔로우십

2) 2단계-면접 평가(150점 만점)

- 전공적합성 45점, 발전가능성 45점, 인성사회성 30점, 의사소통 능력 30점
- 면접위원 2인이 각자 평가 요소별 A~E등급 부여

2. 면접 평가 형식

- 제출서류 기반 개별면접, 10분, 평가자 2인
- 면접 고사의 공정성 및 투명성 제고를 위해 외부위원이 참관할 수 있음

3. 면접 평가 내용

서류(학교생활기록부)를 바탕으로 질문하며, 서류 재확인 절차를 통해 지원자의 인성역량 및 전공역량을 평가 요소에 따라 정성평가

4. 면접 대비 전략

- 서류 기반 면접으로 학생부를 꼼꼼하게 분석하고 면접 문항을 뽑아내서 사전에 친구들과 면접 연습을 하는 것이 좋다.
- 전공적합성을 중시하기에 지원 학과에 대한 이해는 기본이다. 고교생활 중에 전공에 대한 관심을 갖게 된 계기와 진로를 확장시켜 나간 경험은 필수적으로 질문이 될 사항이기에 구체적인 활동과 깊이가 있는 답변을 준비해야 한다.
- 대학에서 제시한 면접 기출문제를 보면 학생부의 어떤 부분에서 무슨 내용을 물은 것인지 예측이 가능하다. 면접 상황이나 평가 요소 등 학교 입학처 홈페이지에서 공지한 사항의 변화가 거의 없다. 정성껏 대비만 한다면 좋은 평가를 받을 수 있다는 생각으로 착실하게 면접 준

비를 하면 된다.

5. 면접 예시 문항

- 동아리 활동으로 유엔환경 총회반을 꾸준히 해왔는데 주된 활동내용은 무엇입니까?
- 작가를 희망하고 있는데 현재 즐겨 읽는 책이 있나요? 가장 최근에 읽은 책에 대해 소개해 보세요.
- 국제구호전문가가 되고 싶다고 했는데 구체적으로 어떤 분야에서 어떤 일을 하고 싶은지 말해보세요.
- 우리 학과에 지원하고 꿈을 실현하기 위한 구체적인 계획을 말해보세요.
- ○○ 수업 시간에 발표한 인권 개선 방안에 대해 말해보세요.
- 학교에서 ○○도우미 활동을 했는데, 활동을 하면서 겪은 어려움과 해결방안에 대해 말해보세요.
- 자율활동으로 학급에서 나의 꿈 발표를 했다고 했는데, 어떤 내용을 발표했는지 그리고 그 꿈을 이루기 위해 어떤 노력을 할 것인지 말해보세요.
- ESG 중에서 본인이 가장 관심 있는 분야는 무엇이며, 그 이유를 말해보세요
- 창의적 독서프로그램에서 서평을 썼다고 했는데, 어떤 책인지 그 내용은 무엇인지 말해보세요.
- 메타버스 패션몰을 구현하고 싶다고 했는데 메타버스와 현실의 패션몰의 같은 점과 다른 점은 무엇인지 구체적으로 설명해보세요.
- 친환경 건축물에 대한 관심이 많은데 패시브 기술과 액티브 기술을

적용한 친환경 건축물의 특성에 대해 설명해보세요.

- 동아리 활동에서 초음파 내비게이션에 사용된 센서를 파악하기 위해 여러 센서의 성능을 비교했다고 하는데 이에 대해 좀 더 구체적으로 설명해보세요.

- 산업공학 동아리 활동으로 아두이노를 사용한 센터 감지장치 코딩을 하였는데 이런 일들이 산업공학 학문과 어떤 관련성이 있는지 설명해보세요.

- 동아리 활동 중에 얼굴인식 방법을 연구했다고 하는데 얼굴인식 과정을 설명해보세요.

인하대학교 인하미래인재 전형

1. 전형 방법 : 1단계 서류 평가로 3.5배수 내외 선발 / 2단계 면접 평가 30% 반영

1) 1단계-서류 평가(지원자 1인당 다수의 입학사정관이 여러 단계를 거쳐 평가)

지성 25%	전공 관련 학업성취도	교과이수내역 및 성취도
	전반적인 학업성취도	성적 추이 및 성취도
인성 25%	개인 인성	성실성, 의사소통, 봉사정신
	공동체적 인성	리더십, 협업 능력, 사회화 능력
적성 25%	진로에 대한 관심	지적 호기심, 도전정신
	전공에 대한 탐색	전공 이해도, 탐구심
종합 25%	모집단위 인재상	모집단위 성격에 적합한 인재인가 종합평가

2) 2단계-면접 평가

지성	전공 관련 학업성취도, 전반적인 학업성취도
인성	개인 인성, 공동체적 인성
적성	진로에 대한 관심, 전공에 대한 탐색

2. 면접 평가 형식
제출서류 기반 개별면접, 6~8분, 평가자 2~3인

3. 면접 평가 내용

서류를 바탕으로 질문하며, 지원자의 지성, 적성, 인성을 알아볼 수 있는 다양한 질문(활동 사실 여부 확인 및 전공역량 확인 질문)

4. 면접 대비 전략

- 인하대는 현재의 성과가 아닌 미래의 인재로서 성장할 잠재력 있는 인재를 선발하고자 노력하고 있다. 학생부종합전형에서는 교과성적뿐만 아니라 적극적인 교내활동을 통해 자신의 진로를 탐색하고 주변의 친구들을 돌아볼 줄 알고 학교생활에 충실한 학생들을 선발하려 한다. 학생으로서 학업에 충실하고, 관심 분야에 열정을 지니고 있으며, 사회적 약자에 대한 배려와 공동체를 긍정적으로 변화시키고자 노력하는 학생을 인재상으로 제시하고 있음을 이해하고 면접에 임한다.
- 제출서류 기반 면접이므로, 면접관은 지원 전공과 관련해 제출서류에 기재된 학업역량, 전공 관련 이론 및 관심도를 평가할 수 있는 교내활동에 대해 집중하여 질문하게 된다. 자신의 학생부를 완벽하게 이해하고 면접에 임해야 한다.
- 자율활동과 동아리 활동 등에서는 지원자의 적극성을 중시하니 자신감 있게 자신의 이야기를 들려줘야 한다. 학교나 학급 활동을 했다면 그 활동에 대한 진단, 개선사항 발굴의 노력 등 실제 적극 참여했던 활동에 대한 수험생의 생각과 그 과정에서의 고민, 창의적인 해결방법 등을 면접관이 주목하고 있다.
- 말을 유창하게 하는 것보다는 수험생의 답변에서 자연스럽게 묻어나오는 진실성을 긍정적으로 평가하고 있다. 끝까지 최선을 다하는 자세와 진솔한 답변이 좋은 평가를 받는다.

5. 면접 예시 문항

- 지성 평가 예시: 교과학습발달상항에 기록된 내용을 묻는다.
  - '○○'교과 시간에 '○○○○' 대해 발표를 했는데 그 내용이 무엇인지 설명해보세요.
- 적성 평가 예시: 창체 활동(동아리 활동, 진로활동)에 기록된 내용을 묻는다.
  - '○○○○' 동아리 활동 중 '○○○○'에 대해 긍정적인 평가를 하고 있는데, 그렇게 생각한 이유를 설명해보세요.
- 인성 평가 예시: 행동특성 및 종합의견 등에 기록된 내용을 묻는다.
  - 담임선생님이 학생의 리더십을 긍정적으로 평가하고 있는데, 그렇게 평가한 근거가 무엇인지 사례를 들어 설명해보세요.

전남대학교 고교생활우수자 유형I

1. 전형 방법 : 1단계 서류 평가로 4배수 선발 / 2단계 면접 평가 30% 반영(의학계열 1단계 6배수 선발)

1) 1단계-서류 평가(2인으로 구성된 평가위원이 종합적 정성평가)

전공준비도	35%	전공에 대한 관심, 진로에 대한 구체성, 진로탐색 활동과 경험, 전공 분야 학업성취 및 추이
학업수행능력		학습 태도, 자기 주도적 학습경험, 지적 호기심 해결 방식, 전반적인 학업성취 및 추이
학업 외 소양	35%	교내활동 참여의 다양성, 교내활동 참여의 적극성, 학교생활의 자기주도성 및 성실성, 도전적인 목표 설정 및 성취 경험
인성역량		공동체에 대한 이해와 관심, 의사소통 능력을 바탕으로 한 공감 능력, 리더십 발휘 경험, 봉사활동의 진정성, 나눔과 배려 경험

※ 평가척도 : 9등급(A+, A, B+, B, C+, C, D+, D, E)

2) 2단계-면접 평가

학업수행역량 15%	모집단위에 대한 관심 및 이해도, 학업 관련 활동의 참여 및 노력 등
인성 15%	공동체에 대한 관심 및 이해도, 나눔과 배려의 경험 등

※ 평가척도 : 9등급(A+, A, B+, B, C+, C, D+, D, F), 결시 G

2. 면접 평가 형식

제출서류 기반 개별면접, 15분 내외, 평가자 3인

3. 면접 평가 내용

3인의 면접관이 블라인드 처리된 지원자의 제출서류를 바탕으로 활동의 동기, 과정, 노력, 결과와 이후의 변화를 바탕으로 학업수행역량과 인성역량을 종합적으로 정성평가

4. 면접 대비 전략

- 창의적인 사람, 감성적인 사람, 함께하는 사람을 선발하기 위해 학생의 종합적인 능력을 평가하는 전형으로 제출서류를 기반으로 일반적인 질문과 답변으로 지원 학과에 대한 학업능력과 인성을 종합적으로 평가한다.
- 학생부에서 출제 가능한 문항을 충분히 예상할 수 있다. 학업수행역량과 인성역량 두 부분으로 나눠 질문을 뽑아보고 답변을 하면 무난하다. 대학교가 공지한 아래의 면접 질문을 참고로 학생부에서 면접관이 궁금해할 수 있는 사항을 중심으로 사전 질문지를 작성한다.
- 면접 질문에 대한 답변을 할 때 사전에 준비한 내용을 그대로 암송하는 것보다는 면접관 3인 모두와 시선을 맞추면서 의사소통을 한다는 느낌으로 말을 하는 것이 좋다. 간결하게 답변을 하되, 활동 사례를 말할 때는 그 활동을 하게 된 계기나 동기 그리고 과정과 결과 나아가 관심의 확장까지 논리적으로 답변하는 것이 좋다.

5. 면접 예시 문항

- 우리 학과에 지원하게 된 동기는 무엇이고 지원자가 노력한 경험을 말해보세요.
- 진로 희망을 이루기 위해 지원자가 갖추어야 할 자질과 역량을 말해

보세요.

- 진로 희망과 관련한 책을 읽었다면 그 책의 선택기준과 내용을 말해 보세요.
- 우리 학과에서 가장 관심이 있는 분야와 이유를 말해보세요
- 지원자의 강점을 말해보고 그것이 드러난 활동 경험을 말해보세요.
- 학교나 학급에서 봉사정신을 발휘한 경험을 말해보세요.
- 봉사활동 중 진정한 나눔과 배려를 실천한 사례를 말해보세요.
- 학교에서 리더십을 발휘한 사례를 말해보세요.
- 학교나 학급에서 갈등을 겪은 사례와 해결을 위한 노력을 말해보 세요.
- 교과시간에 협업을 한 사례와 그 활동에서 지원자의 역할을 말해보 세요.
- 가장 좋아하는 과목과 가장 잘하는 과목의 학습법을 말해보세요.
- 지원 학과와 관련이 깊은 교과목을 어떻게 공부했는지 말해보세요.
- 성적이 다소 부족한 과목을 향상하기 위한 노력의 경험을 말해보 세요.

전북대학교 학생부종합 큰사람전형

1. 전형 방법 : 1단계 서류 평가로 3배수 선발 / 2단계 면접 평가 30% 반영

1) 1단계-서류 평가(2인으로 구성된 평가위원이 종합적 정성평가)

인성 및 사회성 20%	책임감 및 성실성, 나눔과 배려, 리더십 등
학업역량 및 전공적합성 40%	학업성취도 및 학업성적 추이, 전공 관련 활동 및 경험, 전공 관련 교과목 이수 및 성취도 등
성장 및 발전가능성 40%	자기주도성, 탐구 능력 및 종합적 사고력, 문제해결 능력 등

2) 2단계-면접 평가

인성 및 사회성 30%	• 봉사활동의 자발성, 지속성, 생활화의 정도는 어떠한가? • 구성원으로서 공동의 과제나 목표에 협력하며, 성실한 자세로 자신의 역할을 책임감 있게 수행하는가? • 면접과정에서 지원자로서 자세는 어떠한가?
전공적합성 및 발전가능성 70%	• 면접 질문에 대해 논리적으로 사고하며, 표현하고 있는가? • 지원 동기가 분명하고, 지원 학과에 대한 흥미와 관심이 있는가? • 학업 및 진로 계획이 구체적이며, 의지와 열정이 있는가? • 진로를 개척하려는 도전의식과 모험정신을 갖추고 있는가?

2. 면접 평가 형식

• 제시문 기반 심층면접, 제출서류 기반 개별면접, 10분 내외, 평가자 3인

- 면접 대기실에서 질문지(인성과 전공적합성 영역 문항 2개)를 보고 영역별 각 1개의 질문을 선택하여 5분간 답변을 구상하고 면접실에 입장하여 답변

3. 면접 평가 내용
- 3인의 면접관이 블라인드 처리된 지원자의 제출서류를 바탕으로 개별 질문을 하고 제시문(질문 형태)을 기반으로 지원자의 의견을 구상하고 답변하는 것으로 영역별 종합평가
- 전공 관련 교과의 이수 여부와 실적은 서류 평가와 면접에서 참고자료로 활용

4. 면접 대비 전략
- 고등학교 생활과 지원 학과의 관련성, 대학교 학과 공부와 실생활 적용 등 관련 요소들을 연관하여 답변하는 종합적인 사고력과 전공에 대한 이해가 중요하다. 면접 대기실에서 받은 간단한 질문 형태의 제시문을 보고 당황하지 않아야 한다. 정답이 있는 문항이 아니라 지원자의 면접 태도와 가치관을 보려는 것이니 자신의 생각을 말하고 그렇게 생각한 근거나 이유를 제시하면 좋은 평가를 받는다.
- 학교생활을 하면서 봉사성, 성실성, 책임감 등이 드러난 사례를 말할 때 추상적이고 일반적이지 않은 이야기 즉 자신의 이야기를 구체적으로 소개하는 것이 좋다. 전공적합성과 발전가능성을 평가하기 위해 지원 학과를 정하게 된 이유와 학업 계획 및 진로 계획은 필수 답변이다. 고등학교에서 이수한 교과목에서 지원한 학과에 관심을 갖게 된 계기와 관심 부분, 전공에 대한 흥미와 열정을 보인 사례를 들어 지원

동기와 의지를 명확하게 표현해야 한다.

- 면접의 기본은 자신감과 당당한 자세이다. 면접관과 눈을 맞추고 말 끝을 흐리지 않으며 시종일관 자신감 있게 임해야 한다. 면접 태도는 지원자의 인성을 평가하는 중요 요소가 된다.

- 질문의 요지를 정확하게 파악해야 한다. 당황하면 제시문을 독해하지 못하고 면접관이 기회를 줘도 그것을 살리지 못한다. 지금 면접관이 어떤 의도로 무엇을 말하는지 파악해야 그에 적합한 답변을 할 수 있다.

- 면접 중 추가 질문이나 면접을 마치면서 하고 싶은 말을 추가로 답변할 수 있는 기회를 적극적으로 살려야 한다. 합격의 마지막 기회라고 생각하고 합격 의지를 진심을 담아 진정성 있게 전달하는 것이 좋다.

제주대학교 학생부종합전형

1. 전형 방법 : 1단계 서류 평가로 3배수 선발 / 2단계 면접 평가 30% 반영

1) 1단계-서류 평가(2인으로 구성된 평가위원이 종합적 정성평가)

전공적합성 (태도 10%)	• 희망 전공에 대한 선택 동기가 명확하고, 지속적인 전공 탐색 노력을 하였는가? • 희망 전공에 대한 지속적인 관심을 가져왔으며, 학업을 수행할 열정을 가지고 있는가?
전공적합성 (내용 30%)	• 희망 전공 관련 교과의 학습경험과 학업성취도가 대학에서 학업을 수행할 수 있는 역량을 보여주는가? • 희망 전공과 관련된 활동에 꾸준히 참여하였는가?
자기주도성 (태도 15%)	• 자신의 목표를 이루기 위해 많은 시간과 노력을 기울였는가? • 자기주도학습 능력을 갖추었으며 학교생활에 자발적으로 참여하였는가? • 직면한 문제에 창의적인 해결능력을 갖추고 있는가? • 역경을 극복한 경험이 있으며 이를 통해 극복 의지가 드러나는가?
자기주도성 (내용 15%)	• 학교에서 성실하고 책임감 있게 생활하였는가? • 전체 교과의 학업성취도가 고르게 나타나며, 적극적으로 교내활동에 참여하였는가? • 학급이나 조직의 목표를 달성하기 위해 구성원들을 이끄는 역량을 갖추고 있는가?
인성·공동체 기여도(태도 15%)	• 도덕성과 품성을 갖추어 모범적인 생활을 하였는가? • 자신이 맡은 일에 책임감과 끈기를 가지고 충실히 수행하였는가?
인성·공동체 기여도(내용 15%)	• 공동체의 목표를 달성하거나 문제를 해결하기 위해 공동체 구성원에게 자발적인 헌신과 배려를 실천하였는가? • 공동체 구성원들과의 협력과 소통을 위해 노력하여 공동체 발전에 기여하였는가?

2) 2단계-면접 평가

전공적합성 30%	희망 전공의 선택 동기와 전공탐색 노력 등 전공 관심도와 전공 관련 교과의 학습경험·학업성취도 등 학업수행역량을 평가
자기주도성 30%	목표지향과 도전정신, 문제해결 능력, 성실성, 리더십 등 대학 생활 및 학업을 수행하기 위한 기본적인 역량을 평가
인성·공동체기여도 40%	도덕성과 책임감 등 인성영역과 공동체의 발전을 위한 배려심과 소통능력 등 공동체 기여영역에 대한 내용을 평가

2. 면접 평가 형식

제출서류 기반 개별면접, 10분 내외, 평가자 2인

3. 면접 평가 내용

2인의 면접관이 1단계 평가자료 확인 질문에 대한 답변 등을 평가 영역별 기준에 따라 잠재능력과 소질, 가능성 등을 다각적으로 평가하고 판단하여 각 대학의 인재상이나 모집단위 특성에 맞는지 종합적으로 평가

4. 면접 대비 전략

• 교과 지식과 관계없이 제출서류를 확인하는 면접으로서, 수험생의 평소 생각과 가치관을 자유롭게 말하는 방식으로 교과 지식을 묻거나 고교 교육과정의 수준을 벗어난 내용을 평가하지 않는다.

• 면접 평가는 우선 1단계 서류 평가 자료(학교생활기록부)에 대한 확인 질문이다. 면접관은 학생들이 1단계 서류 평가를 위해 제출한 학교생활기록부를 보면서 특정 활동이나 대회에 참가한 이유(동기)가 무엇이며, 그러한 활동이나 대회를 어떠한 과정을 거쳐 준비했고, 그 결과

무엇을 배우고 느꼈는지 등에 대해 면밀하게 질문하게 된다. 즉, 어떤 활동의 동기-과정-결과에 대해 자세하게 질문하여 파악하고자 한다. 그러므로 학생들은 자신의 학교생활기록부를 보면서 앞서 언급한 내용들로 정리하고 성찰하는 것이 필요하다. 동기(활동 이유, 원인), 과정(고민, 심리, 마음, 도전 등), 결과(배우고 느낀 점, 향후 계획)을 논리적으로 답변해야 한다.

- 전공에 대한 열정 및 관심, 그리고 인성을 확인하고자 하는 질문이다. 대부분은 학교생활기록부에 기재된 내용 중 전공 또는 인성 관련 질문을 하겠지만 그렇다고 학교생활기록부에 있는 것만 질문하는 것은 아니다. 시사 및 전공 관련 상식 수준의 질문이나 인성 확인을 위한 상황 질문 등이 주어질 수 있으니, 이 부분에 대해서도 반드시 대비를 해야 한다.

- 면접에서 중요한 것은 자신감 있는 목소리와 태도이다. 면접이라는 긴장 상황에서 실력을 발휘하려면 평소 모의 면접 연습이 필요하다. 대학에서 실시하는 모의 면접 프로그램에 참여했다면 좋겠지만 이미 시기를 놓쳤다면 친구, 교사, 가족 등 주변 사람들과 함께 연습하면 된다.

- 제주대는 학과별 인재상과 필요 능력 그리고 중심 교과를 홈페이지에 공지하고 있다. 이를 바탕으로 자신의 지원 학과에 대해 숙지하고 학업 계획과 진로 계획을 정리해 두는 것이 좋다. 예를 들어 국어국문학과는 창의적·분석적·논리적 사고능력을 지닌 학생을 인재상으로, 창의력·분석력·논리력을 중시하고 국어, 영어, 독서, 문법 I · II, 문학 I · II 교과를 세심히 본다. 영어영문학과는 국제화시대 외국어 학습능력을 갖춘 논리적이고 창의적인 학생을 인재상으로 제시하고 있다.

5. 면접 예시 문항

1) 일반 학과 평가

- 학교생활기록부에 기재된 진로 희망과 본인이 지원한 학과가 일치하지 않는데, 그 이유와 그렇게 기재한 뚜렷한 이유가 있나요?(전공적합성)
- ○○동아리 활동 상황 중 본인 활동의 구체적 내용과 동아리에서 맡은 역할은 무엇인가요?(자기주도성)
- 최근에 한 일 중에서 가장 보람되거나 성취감을 느낀 일을 말씀해보세요.(인성·공동체기여도)
- 지원 동기는 무엇인가요?
- 고교 재학 중 가장 의미를 가지고 노력한 활동은 무엇인가요?
- 진로 희망이 변경된 이유(계기)와 이후 진로를 위해 어떤 노력을 했나요?
- 입학 후 과대표가 된다면, 어떻게 리더십을 발휘할지 말해보세요.
- 관련 분야에서 존경하는 인물과 그의 업적을 설명해보세요.
- 전공 학습 후 사회에 기여할 수 있는 방법은 무엇일까요?
- 다시 고등학교 생활을 할 수 있는 기회가 있다면 꼭 해보고 싶은 일이 있나요?
- 입학 후 대학 생활 동안에 하고 싶은 공부 및 기타 활동이 있다면 얘기해보세요.
- 본인이 읽은 ○○ 책을 통해 어떤 점이 성장했다고 생각하는지 말해보세요.
- 자신이 가장 자랑스럽게 생각하는 모습을 말해보세요.

2) 소프트웨어인재전형 평가

- 간단한 자기소개와 지원 동기를 말해보세요.
- 학과 입학 후 학업 계획과 진로 계획을 말해보세요.
- 자신의 성격이나 사고 방법이 컴퓨터 프로그래밍에 적합한 이유를 말해보세요.
- 4차 산업혁명 시대의 소프트웨어 인재가 되려면 어떤 노력이 필요할까요?
- 고교 활동 중 자신의 꿈을 이루기 위해 어떠한 노력을 기울여 왔나요?
- 고교 활동 중 협동을 통해 문제를 해결한 경험을 말해보세요.
- 진로 희망을 위하여 본인이 가장 노력한 부분이 있다면 무엇인가요?
- 진로활동 중 가장 기억에 남는 활동이 있다면 말해보세요.

중앙대학교 다빈치형인재 전형

1. 전형 방법 : 1단계 서류 평가로 3.5배수 선발 / 2단계 면접 평가 30% 반영

1) 1단계-서류 평가

학업역량 20%	• 교과목의 석차등급 또는 원점수(평균/표준편차) 등의 학업능력 지표 • 교과목 이수 현황, 노력 등을 기반으로 한 교과 성취 수준 및 학업의 발전 정도
탐구역량 20%	• 어떤 대상에 대해 호기심을 갖고 깊고 폭넓게 탐구할 수 있는 능력 • 스스로 학습 목표를 설정하고 계획을 수립·실행해 나가는 과정 • 학업을 수행하고 학습을 해나가는 자발적인 의지와 태도
발전가능성 20%	• 스스로 목표를 설정하고 계획을 수립·실행하는 역량 • 공동체의 목표를 달성하기 위해 구성원의 화합과 단결을 이끌어가는 역량 • 창조적이고, 논리적인 사고로 공동체의 문제를 해결하는 능력
인성 20%	• 타인에 대한 배려와 나눔을 실천하는 태도와 행동 • 상대를 존중하고 이해하여 원만한 관계를 형성하고 공동체의 목표를 달성하기 위해 함께 협력하는 태도와 행동 • 공동체의 기본윤리와 원칙을 준수하고 책임감을 바탕으로 자신의 의무를 다하는 태도와 행동
통합역량 20%	• 학교 교육의 다양한 영역에서 직접 겪거나 활동하면서 얻은 성장 과정 및 결과 • 교내 예술, 문화, 체육 활동 등을 통해 쌓은 기본 소양

• 균형적으로 성장한 인재를 선발하고자 학생 서류를 근거로 지원자의 학업 및 교내 다양한 활동을 통한 성장 가능성을 종합적으로 평가

2) 2단계-면접 평가

학업준비도 40%	• 교과에 대한 기본 개념 이해 및 활용 능력 • 학습 활동 과정에 대한 주도적 참여 및 이해 수준
서류 신뢰도 40%	• 제출서류에 대한 신뢰 수준 및 추가 확인사항
인성 및 의사소통 능력 20%	• 교내 협력 활동, 공동체 활동에 대한 지원자의 태도, 가치관 • 면접 상황에서의 논리적인 전개력 및 의사소통 능력

- 학업준비도, 인성 및 의사소통 능력, 서류의 신뢰도 등을 종합적으로 평가하는 심층면접
- 학교 교육과정을 성실히 이수하며 쌓아온 자기 주도적 활동 경험을 평가
- 교과성적뿐만 아니라 각종 교육 활동에서 발휘한 학업 소양을 면밀히 평가
- 교육활동의 결과도 중요하지만 과정 중에서 배우고 느낀 점을 중요하게 평가

2. 면접 평가 형식
제출서류 기반 개별면접, 10분, 평가자 2인

3. 면접 평가 내용
- 서류 평가를 통해 추가로 확인하고자 하는 내용에 대해 질문
- 단순한 학업 지식을 묻기보다는 학습 과정을 통해 충분히 원리를 이해하고 체득했는지에 대해 질문
- 대학 전공 수준의 이해를 요구하는 어려운 질문은 배제
- 서류에서 확인할 수 있는 역량을 바탕으로 논리적 전개 능력 및 문제 해결 능력을 확인

- 교내 협력 활동, 공동체 활동 등을 통해 나누고 배우고 성장한 내용을 근거로 지원자의 인성, 학교생활 태도 등을 확인

4. 면접 대비 전략

- 1단계 서류 평가 합격자 중 면접 결시자를 제외하고 모집인원 기준 배수별 합격률을 보면 1배수는 99.6%, 2배수는 83.7%의 합격률을 보였다. 모집인원의 약 2배수까지의 인원은 대부분 합격한다는 결과이다. 면접관은 서류 평가 당시 지원자에게 궁금했던 내용을 바탕으로 면접 전 충분한 준비 기간을 가지고 지원자에 대한 질문을 선별한다. 따라서 어려운 내용이 아니라 자신의 고등학교 생활을 솔직하고 당당하게 답변하면 합격이라는 자세로 면접에 임하면 된다.

- 다빈치형인재 펜타곤 평가모형의 경우, 고교 교육과정 내 학업과 교내 다양한 활동을 통해 균형적으로 성장한 학생을 인재상으로 판단하고 있다. 다양한 학교활동에 주도적으로 참여하며 교과와 비교과영역 전반에 걸쳐 균형 잡힌 학생, 도전정신과 융합적인 사고를 가진 학생이라면 좋은 평가를 받을 수 있다.

- 학교생활기록부에서 학생이 실제 한 활동 및 학습을 기반으로 지원 학과와 연계하여 문항을 구성하고 있다. 학교생활에 적극적이고 자기주도적으로 활동한 학생이라면 충분히 답변할 수 있는 문항으로 면접을 진행하고 있다. 따라서 지원자는 직접 면접관이 되어 자기소개서와 학교생활기록부에 기재되어 있는 다양한 내용을 자세히 읽고 내가 면접관이라면 나의 어떤 점들이 궁금할지 생각해 보면 된다.

- 자신의 경험을 말로 표현하는 연습이 필요하다. 10분 동안 면접관들의 질문에 충실히 대답하기 위해서는 질문의 핵심을 파악하고 간단

명료하게 답변하는 것이 중요하다. 화려한 언변을 뽐내는 것보다는 본인이 실제 경험했던 것에 대해 진정성 있는 말로 표현하는 것이 좋다. 학교에서 친구나 선생님, 가족 등에게 자신의 경험을 이야기하듯 자연스럽게 말하는 모의 면접 연습이 필요하다.

5. 면접 예시 문항

- 학업성취도가 꾸준히 향상되는 모습을 보이는데 학습 성과를 높이기 위한 본인만의 노력이 있다면 무엇이 있는지 말씀해주세요.
- 학교 자치위원으로서 제안한 아이디어가 반영되었다고 했는데 어떠한 아이디어가 반영되었는지 구체적으로 설명해주세요.
- 코로나19로 비대면 수업이 진행되면서 반장으로서 어려운 점들이 있었다고 했는데 구체적인 사례와 이를 해결하기 위해 했던 노력에 대해 말씀해주세요.
- 다양한 리더십 활동을 수행하였는데 그 과정을 통해 본인이 깨달은 이상적인 리더십과 이를 위해 어떠한 노력을 했는지 말씀해주세요.
- 3년간 여러 동아리 활동을 했는데 그중 어떤 동아리 활동이 전공 선택에 영향을 주었는지 구체적으로 말씀해주세요.
- 진로활동 시간에 코로나19와 공교육을 주제로 발표하면서 온라인 수업이 협동 활동에 보다 용이하지만, 입시 위주 교육에 따른 한계점도 있다고 지적했는데, 온라인 교육의 장단점을 지원자가 경험했던 사례를 예시로 설명해주세요.
- 인간의 유전자 편집은 허용될 수 있는가에 대한 주제 토론에서 반대 의견을 제시했는데 그 근거를 말해보세요.
- 〈언어와 매체〉 수업에서 도서관이 사람들이 격차 없이 평등하게 매체

에 접근할 수 있도록 돕는 역할을 해야 한다고 강조했는데, 정보 불평등이 발생하는 이유와 도서관이 정보 불평등 해소에 기여할 수 있는 방안을 설명해주세요.

- 독서 시간에 과학공학기술의 미래 단원을 발전, 심화시켜 '인간의 운명도 말과 같을까'라는 주제를 '스마트그리드'라는 정보와 환경이 결합된 에너지 기술과 연관, 사례를 통해 본인 주장의 구체적 근거로 삼았다고 했는데, 이에 대해 간략히 소개해주세요.

충남대학교 PRISM 전형

1. 전형 방법 : 1단계 서류 평가로 2~3배수 선발 / 2단계 면접 평가 33.3% 반영

1) 1단계-서류 평가(2인으로 구성된 평가위원이 종합적 정성평가)

학업역량 40%	• 고교 교육과정에서 이수한 전체 교과목의 학업성취 수준 • 교과목 이수 현황과 학업 발전의 정도 • 학업을 수행하는 과정에서 나타나는 자발적인 의지와 태도
전공적합성 30%	• 고교 교육과정에서 지원 전공과 관련된 교과목을 수강하고 취득한 학업성취 수준 • 지원 전공에 관심을 가지고 노력한 활동 과정과 경험의 성과
발전가능성 20%	• 목표를 설정하고 적극적·주도적으로 실행하는 태도 • 학교 교육의 다양한 영역에서 직접 경험하고 활동하면서 얻은 성장 과정 및 결과 • 창의적이고 논리적인 사고로 문제를 해결하는 능력
인성 10%	• 책임감을 바탕으로 꾸준히 노력하여 자신의 의무를 다하는 태도와 행동 • 공동체 내에서 함께 돕고 함께 생활할 수 있는 역량 • 타인을 위하여 기꺼이 봉사하고자 하는 태도와 행동

2) 2단계-면접 평가

의사소통 능력 30%	• 질문의 핵심적인 주제를 파악하고 본인의 지식을 결합해 새로운 결론을 도출하는 능력 • 구체적인 사실에서 결론을 도출하는 것으로 결론의 인과관계에 대해 명확하게 설명할 수 있는 능력
전공적합성 30%	• 지원 전공에 관심을 가지고 노력한 활동 과정과 경험의 성과
발전가능성 20%	• 목표에 대한 적극성과 실천하려는 의지 • 학교 교육의 다양한 영역에서 직접 경험해온 활동
인성 20%	• 공동체 내에서 함께 돕고 함께 생활할 수 있는 역량 • 타인을 위하여 기꺼이 봉사하고자 하는 태도와 행동

- PRISM인재전형: 다양한 역량을 지닌 인재를 발굴·육성하고자 '열정(Passion), 책임의식(Responsibility), 학문적 소양(Intelligence), 성실한 자세(Sincerity), 전공수학역량(Matching)을 갖춘 자'라는 의미를 내포

2. 면접 평가 형식
제출서류 기반 개별면접, 15분 내외, 평가자 2인

3. 면접 평가 내용
지원자가 제출한 학교생활기록부를 바탕으로 활동의 사실 여부를 확인하며, 활동을 통해 어떤 경험을 했으며, 어떻게 성장했는지 확인하고 서류평가와 동일한 평가 요소를 바탕으로 의사소통 능력, 통찰력, 논리적 표현력 등을 함께 평가

4. 면접 대비 전략
- 학교생활기록부를 바탕으로 평가하기 때문에 평소 학교생활을 성실

히 하고 다양한 경험을 통해 지원한 학생이라면 그 과정을 성실하게 답변하면 된다. 학생부를 살피면서 본인의 경험을 되돌아보고 그 의미를 잘 찾아 정리하면 좋은 면접 대비가 된다. 아래에 제시한 면접 예시 문항을 참고로 하여 면접 질문을 작성하되, 꼬리를 무는 질문이 연달아 나오기에 당황하지 않고 의사소통 능력을 보여주면 된다.

• 서류 기반 면접의 일반적인 요령과 동일하다. 서류 분석하기, 질문지 작성하기, 모의 면접 연습하기라는 과정을 착실하게 준비하면서 면접의 일반적인 요령을 따라가면 된다. 충남대의 경우 면접 분위기를 조성하기 위해 학교에 대한 정보나 지원자의 상태를 묻고 본 면접의 질문을 진행하며, 면접을 마칠 때 추가 답변의 기회가 주어지니 이를 잘 활용하면 된다.

5. 면접 예시 문항

• 충남대학교 캠퍼스를 본 느낌이 어떤가요? 면접에 오면서 어떤 생각을 했나요?

• 진로 희망과 연관지어 지원 동기에 대해 간단하게 말해보세요.

• 지원자의 진로 희망을 달성하기 위해 필요한 역량들은 무엇이라고 생각하나요? 그리고 그 역량들을 키우기 위해 고교생활 동안 노력했던 활동은 무엇이 있나요?

• 전공 관련 교과(수학, 물리, 영어 등) 학습을 하면서 어려웠던 점은 무엇이고 어려움을 극복하기 위해 어떤 노력을 기울였나요?

• 지원 전공과 관련하여 읽은 책 중에 기억에 남는 책이 있다면 그 이유와 책 내용을 간단히 설명해주세요.

• ○○○○ 활동을 수행하면서 어려웠던 점이나 활동을 통해 배운 점은

무엇인가요?

- 지원 학과와 관련하여 수행한 동아리 활동에 대한 소개 및 기억에 남는 활동은 무엇인가요?

- 고등학교 생활을 하면서 리더의 역할을 수행한 경험이 있나요? 있으면 수행했던 역할에 대해 간단하게 설명해주세요.

- 친구들과 공동의 목표를 설정하고 달성하기 위해 노력했던 경험이 있나요? 있다면 간단한 설명과 함께 지원자가 수행했던 역할은 무엇이었는지 답변해주세요.

- 존경하는 인물은 누구이며 인물의 어떤 점 때문에 존경하게 되었나요?

- 고등학교 생활을 하면서 기억에 남는 선생님이나 친구가 있나요? 있다면 어떤 부분 때문에 기억에 남게 되었나요?

- 스스로 생각하는 본인의 장점과 이유에 대해 말해주세요.

- 자신의 단점과 단점을 극복하기 위해 수행한 혹은 앞으로 수행할 노력은 무엇인가요?

- 자신만의 공부법이나 학습전략이 있나요?

- 고등학교 과정에서 특별히 관심을 두고 좋아했던 교과목이 있나요? 좋은 성과를 얻기 위해 어떤 노력을 수행했나요?

- 참여했던 교내 대회 중에 기억에 남는 대회가 있나요? 어떤 노력을 기울였고 어떤 성과를 얻을 수 있었나요?

- 스스로 목표를 설정하고 노력했던 활동이 있나요? 목표를 설정하게 된 이유와 수행한 노력들은 무엇이 있나요?

- 대학에 입학한 후 어려운 이론이나 문제를 접했을 때 해결하기 위해 어떤 노력과 활동을 수행할 수 있을까요?

- 입학 후 계획한 학업 계획이나 진로 계획에 대해 얘기해보세요.
- 충남대학교 혹은 지원 학과에 대해 얼마나 알고 있나요? 또 그것을 알기 위해 어떤 노력을 기울였나요?
- 답변을 준비했는데 질문을 받지 못해서 아쉬운 내용이 있으면 얘기해 보세요.
- 마지막으로 하고 싶은 말이 있으면 해보세요.

한국외국어대학교 면접형, SW인재 전형

1. 전형 방법 : 1단계 서류 평가로 3배수 선발 / 2단계 면접 평가 40% 반영

1) 1단계-서류 평가(3인으로 구성된 평가위원이 종합적 정성평가)

탐구역량 20%	학업성취도, 학업태도와 의지, 탐구활동
계열적합성 40%	전공관련 교과목 이수 및 성취도, 전공 관심과 이해도, 관련 활동과 경험
인성 20%	협업 능력, 나눔과 배려, 소통능력, 도덕성, 성실성
발전가능성 20%	자기주도성, 경험의 다양성, 리더십, 창의적 문제해결력

2) 2단계-면접 평가

계열적합성 40%	지원계열과 관심 분야에 대한 이해 수준 및 관련 소양
논리적사고력 40%	• 다양한 관점을 이해하고 고려하여, 논리적으로 적절한 의사결정을 내릴 수 있는 능력 • 문제해결을 위한 다양한 방법들을 생각해내고, 우선순위를 결정할 수 있는 능력
인성 20%	• 더불어 살아가는 인간다운 성품 • 민주사회 시민으로서 갖추어야 할 바람직한 가치관 및 지도자로서의 성품

2. 면접 평가 형식
• 제출서류 기반 개별면접, 평가자 2인

272

- 면접과 관련된 제반 사항은 1단계 합격자 발표 이후 입학처 홈페이지에 공지할 예정임

3. 면접 평가 내용

2인의 면접관이 블라인드 처리된 지원자의 제출서류를 바탕으로 계열 적합성, 논리적 사고력, 인성의 측면에서 종합적으로 평가

4. 면접 대비 전략

- 서류 기반 면접이기에 학생부를 꼼꼼히 살피고 면접관이 궁금해할 수 있는 사항, 자신의 강점이 드러난 활동 등을 질문으로 만들고 답변을 미리 준비해야 한다. 질의 응답 과정에서 논리적 사고력이 평가되기에 두괄식으로 답변하고 그 근거를 조리 있게 표현하는 실전연습을 하는 것이 좋다. 교과 세특 활동을 중심으로 창체 활동, 교사의 평가 등 학생부의 모든 영역에서 질문이 나올 수 있고 그런 질문이 면접의 중심이기에, 학생부 분석과 모의 실전연습으로 자신감을 키워야 한다.
- "왜 이 대학에 진학해야만 하는가?"에 대한 명확한 답변을 준비해야 한다. 면접 초반부에 면접관이 분위기 전환용으로 던지는 말이기도 하지만, 자신의 꿈을 실현하기 위해 외대 진학을 꼭 이루고 싶다는 논리적 답변을 준비하는 것이 좋다. 감정적으로 외대 합격이 절실하다는 것이 아니라 외대 진학을 희망하는 진정성을 면접관에게 설득력 있게 전달해야 한다.
- 계열적합성을 중시하는 면접이다. 지원 동기는 필수 질문이다. 그만큼 다른 경쟁자들도 준비하고 오는 답변이기에 나만의 구체적인 이유를 밝혀야 한다. 추상적인 이야기나 남들도 다 말할 것 같은 일반적

인 이야기는 곤란하다. 지원 동기를 나열하지 말고 두괄식으로 주장을 말하고 그 근거를 3가지 정도 위계를 지어 답변하면 더욱 좋다. 학생부에 나와 있는 활동과 연관 지어 설명해도 좋다. 꼬리에 꼬리를 무는 질문이 이어진다면 의사소통 능력을 좋게 평가받을 기회라는 긍정적인 생각으로 더욱 자신 있게 답변하면 된다.

- 지원 학과와 관련이 있는 시사적인 문제가 나올 수 있다. 이때 중요한 것은 지식평가는 아니라는 것이다. 지원자의 관점과 자세를 보고 싶은 것이다. 아는 만큼, 모르면 모르는 수준에서 진지하게 답변하는 태도를 보이면 된다. 이미 학생부 서류 평가와 서류 기반 면접 질문에서 좋은 답변을 했기에 추가로 이어지는 질문이라는 생각으로 시종일관 당당하게 진학 의지를 논리적으로 밝히는 것이 좋다.

5. 면접 예시 문항

- 아직 세상에 나오지 않은 아이디어를 말해보세요.
- 학생이 생각하는 공정무역이 무엇인지 말해보세요.
- 『왜 세계의 절반은 굶주리는가』에서 가장 기억에 남는 점을 말해보세요.
- 봉사활동이 친구들에 비해 많은 이유를 말해보세요.
- 사형제도를 찬성하는 입장에서 반대 입장을 설득할 방법을 말해보세요.
- 일본문화에 관심을 갖게 된 계기와 입학 후 학업 계획을 말해보세요.
- 우리 학과에서 어떤 공부를 하고 싶은지 말해보세요.

한신대학교 참인재종합면접전형

1. 전형 방법 : 일괄합산 서류 평가 70% + 면접 평가 30%

1) 서류 평가

인성 30%	학교생활의 성실성, 근면성, 책임감, 학업성취도 및 학업충실성
학업수행능력 25%	
전공 관심도 25%	전공 분야에 대한 관심과 이해, 전공 관련 기초소양 및 활동, 전공 관련 교과성적 추이
발전가능성 20%	자기주도성, 경험의 다양성, 나눔과 배려의 공동체 의식, 진로탐색 노력, 대인관계능력, 문제해결 능력

2) 면접 평가

인성	기본자세, 적극성, 자신감	면접에 임하는 기본자세와 최선을 다하려는 적극성, 열정, 자신감 등을 살펴봄
기초소양	가치관과 의사소통 능력, 창의적 문제해결 능력	자신의 견해와 주장을 논리적이고 창의적으로 답변하는가를 살펴봄
전공적합성	전공 학문에 대한 관심 및 적성, 학업수행능력 정도	전공 분야에 대한 기본 이해도와 관심 정도를 관찰하고 지원한 전공에 적응 가능성과 발전 가능성 등을 살펴봄

2. 면접 평가 형식

- 면접방식 : 면접진행은 전공별로 면접위원 2인과 수험생 2~3인 또는 면접위원 3인과 수험생 6~7인을 1조로 구성하며, 제출서류 기반으로

기초소양 분야와 전공적성 분야에 대하여 구술면접 방식으로 진행
- 면접자료 : 학교생활기록부(신학 전공 지원자는 목회자(신부) 추천서 포함)

3. 면접 평가 내용
- 면접 문항 공개 : 면접 문항은 기초소양 분야 1문항, 전공적성 분야 1문항 총 2문항으로 이루어져 있으며, 수험생의 면접 부담감을 줄여주고 체계적으로 면접을 준비할 수 있도록 면접 고사 확인 기간에 문제를 공개

4. 면접 대비 전략
- 수험생들에게 주어지는 면접 문항은 기초소양 분야나 전공적합성 분야 모두 특별한 교과 내용과 관련 없이 행해지는 것으로 면접 과정 중에 수험생의 능력과 특성을 확인하는 방식이다.
- 면접 문항의 공통 문제가 학생부를 기반으로 자신의 생각을 대답하면 되고, 각 학과들의 전공적성 분야 질문 역시 대학교 홈페이지 학과 소개 자료를 살펴보고 고등학교 교육과정을 정상적으로 소화한 학생이라면 큰 문제 없이 대답할 수 있다.
- 대학교에서 제시한 문항은 일반적인 형태이다. 2022 면접 문항은 자소서 1번 문항(고등학교 재학기간 중 자신의 진로와 관련하여 어떤 노력을 해왔는지 본인에게 의미 있는 학습 경험과 교내활동을 통해 배우고 느낀 점을 말해보시오)을 그대로 사용한 것을 보면, 한신대의 면접 문항은 사전에 공개되며, 일반적인 내용이니 준비한 만큼 부담없이 실력을 발휘하면 된다.